# 따라하기의 기적

*The Miracle of Imitation*

# 따라하기의 기적

행동하지 않으면 아무 일도 일어나지 않는다.
그래서 나는 따라 하기 시작했다.

박수경

행복우물

## *Prologue*
## 나는 왜 따라 하기로 했는가?

예전에 짧은 글을 본 기억이 있다.

두 죄수가 있었다. 한 죄수는 감옥에 있는 쇠창살만 바라보았고 한 죄수는 쇠창살 너머에 있는 밤하늘의 별을 바라보았다고.

짧은 글인데 나에게 임팩트 있게 다가왔다. 갇힌 현실에서도 밤하늘의 별을 볼 줄 아는 죄수의 시선이 부러웠다.

그러고 보면 모든 인생의 시선은 늘 두 가지다.

할 수 있다. & 할 수 없다.

하고 싶다. & 하기 싫다.

믿는다. & 믿지 않는다.

선택해야 할 상황에서 중간 지대는 없다. 하거나 하지 않거나 변화하거나 그대로이거나 긍정적이거나 부정적이거나, 큰 틀에서는 사실 두 가지밖에 없다.

나의 삶은 늘 그대로였다. 다른 삶을 살고 싶었으나 언제나 생각에 머무를 뿐 행동하는 것이 없어 어제와 같은 오늘을 살았다. 그러다 힘든 고비들이 찾아왔다. 내가 변화하지 않고는 견딜 수 없는 상황들을 맞닥뜨리게 되었다. 변화를 갈망했지만 어떻게 변화해야 할지 몰랐다. 누군가 내게 길을 제시해 주었으면 하고 얼마나 바랬는지 모른다.

그때 책을 읽기 시작했다. 한 권 한 권 쌓이기 시작하자 내가 알지 못했던 지식이 생겼고 따라 하고 싶은 열망이 일어났다.

작은 것부터 따라 하기 시작했다. 그렇게 조금씩 변해갔다.

아름다운 정원을 망치는 가장 쉬운 일은 아무것도 하지 않는 것이라고 하지 않았던가?

나는 나의 인생이라는 정원을 가꾸기로 했다. 무성한 잡초를 뽑고 크고 작은 돌들을 걷어내는 작업 말이다.

그리고 그 정원에 아름다운 꽃을 심으리라. 여름에 시원한 그늘을 만들어 줄 나무도 심고 말이다. 그리고 그 정원에서 여러분과 수다를 떨고 싶다. 우리 인생이라는 정원을 이렇게 가꾸는 중이라고 서로 나누고 격려하면서 웃고 떠들며 이야기꽃을 피우고 싶다. 맛있는 디저트를 곁들이면서 말이다.

따라 하기의 기적, 평범한 일상에서 작은 변화의 여정,

그것을 감히 기적이라고 부르고 싶다. 그 기적의 현장을 여러분과 함께 만들어가고 싶다.

**차례**

*Prologue*

05 ··· 나는 왜 따라하기로 했는가?

*Chapter 1*

### 누군가 나에게 질문해 주기를 : 관계, 성장

13 ··· 드라마의 연인들처럼 * 사랑하기
25 ··· 나를 성공시키는 * 롤모델 찾기
34 ··· 신이 내린 축복 * 걷기
40 ··· 온 가족 건강지킴이 * 비타민C 메가도스
45 ··· 삶을 변화시키는 * 독서
59 ··· 관심의 표현 * 당신은 괜찮나요? (질문하기)

*Chapter 2*

### 모든 위대한 일도 작은 훈련에서 시작한다 : 훈련

65 ··· 나를 성장시키는 * 매일 글쓰기
75 ··· 삶을 바꾸는 기적의 재료 * 감사
81 ··· 마음까지 정리하는 * 신박한 정리
94 ··· 세계 최고의 베스트셀러 * 성경 읽기
98 ··· 내 안에 있는 * 꿈과 부의 씨앗 발견하기
108 ··· 모든 위대한 일의 시작 * 아주 사소한 훈련

*Chapter 3*

## 낯선 곳에서의 아침을 맞이하라 : 도전

- 113 ··· 아는 사람만 아는 세계 ✳ 네트워크 마케팅 도전
- 121 ··· 나도 책을 낼 수 있다고요? ✳ 책 출간
- 131 ··· 나를 위한 선택 ✳ 용서
- 140 ··· 건강한 삶의 방향 전환 ✳ 다이어트
- 153 ··· 새로운 모험 ✳ 직장 이직
- 174 ··· 삶의 쉼표가 필요할 때 ✳ 낯선 곳에서 아침을 맞이하라!

*Chapter 4*

## 시간, 당신의 가장 귀한 자산 : 시간

- 181 ··· 언제 어디서나 할 수 있는 스트레스 관리법 ✳ 심호흡
- 192 ··· 나를 성장시키기 위한 ✳ 환경설정의 힘
- 196 ··· 가난과 작별하기 위한 필수 선택 ✳ 재정관리
- 207 ··· 회복탄력성의 비밀 무기 ✳ 웃음
- 213 ··· 인생의 문제 앞에 '왜?' 대신 '어떻게?'
- 221 ··· 당신의 삶에서 가장 중요한 자산 ✳ 시간

*Epilogue*

225 ··· 우리의 진짜 여정은 지금부터

*Chapter 1*

누군가 나에게 질문해 주기를
———————————————

관계, 성장

# 드라마의 연인들처럼
## ✳ 사랑하기

### 남편과의 첫 만남

나는 중학교 3학년 때부터 교회를 다녔다. 친구 따라 한번 갔던 교회를 지금까지 다니고 있다.

불교 집안인 우리 집에서는 교회에 나가는 걸 반대하셨기에 학창 시절에는 몰래 다녔다.

그러다 대학생이 되어 본격적으로 다니기 시작했고 학교를 졸업하고는 청년부에 소속되어 예배를 드렸다.

교회에 가면 참 행복했다. 청년들과 함께 예배하고 교제하면서 그 시절 함께 했던 시간이 신앙에 밑거름이 되었다.

처음에는 청년부의 막내였으나 시간이 지나면서 나도 언니, 누나가 되었다.

좋아했던 언니들이 하나둘씩 결혼과 동시에 청년부를

떠나기 시작했다.(결혼하면 남 전도회, 여 전도회로 자동 올라간다.)

언니들이 두세 명 남짓 남았을 때는 그래도 괜찮았지만, 마지막 한 명 남아있던 언니마저 결혼하고 청년부를 떠나게 되었다.

나이가 훨씬 많은 언니도 있었지만 결혼하지 않은 언니들은 어느 순간 자연스레 청년부를 나오지 않았다. 그러다 보니, 내가 가장 맏언니가 된 어느 날부터인가 아직도 결혼을 못 한 내가 초라하게 느껴졌다.

"아직도 청년부에 나가?"

"그 언니 아직도 남자가 없어?"

"쯧쯧"

아무도 이렇게 생각하지는 않았겠지만, 괜한 지격지심에 청년부에 나가려니 왠지 눈치가 보였다.

29살에서 30살이 되는 그해 12월 31일에는 제야의 종소리가 울려 퍼지는 걸 방송으로 보면서 울었다.

'20대, 가장 젊고 찬란한 순간, 이렇게 사랑도 한번 못해보고 나의 20대가 끝나는구나!'

혼자 있는 외로움과 결혼도 못 해보고 노처녀로 인생이 저물어 갈지도 모른다는 두려움으로 하루하루 보내던 날, 직장 동료가 소개팅을 주선해 주었다.

전화번호를 건네받고 소개받은 남자와 약속 장소에서 만나는 날. 약속 장소인 2층 레스토랑으로 올라서는 데 저쪽 맨 끝자리에서 웬 남자가 나를 보더니 자리에서 일어났다. 키는 180cm 정도 되어 보이고 약간 곱슬머리에 금테 안경을 쓴, 얼굴은 예전 리복 선전할 때 의자를 뒤로 넘겼던 이종원처럼 멋있고 잘생긴 남자였다.

'저 사람인가?' 하고 쳐다보며 걸어가는데 그도 나에게서 눈을 떼지 않고 그대로 서 있었다.

가까이 가서 조심스레 이름을 묻자, "예, 제가 000입니다."

'헉! 왜 이렇게 잘 생겼지! 오늘 만남은 안 되겠군! 나를 보고 실망했겠지? 분명 잘생긴 사람이니까 예쁜 여자를 원했을 텐데. 에이, 어쩔 수 없지. 그냥 마음 편하게 이야기하고 헤어지지 뭐'

만남이 성사되지 못해 실망하고 싶지 않았기에 먼저 마음의 방어막을 치고 이런 지레짐작을 하면서 마음을 비우고 대화를 시작했다.

그런데 대화를 이어갈수록 이 남자가 나에게 엄청나게 집중했다.

### 회상 : 27세, 생애 첫 소개팅

내 나이 27세, 직장에서 신뢰하는 분이 소개팅을 주선했다. 서울에 있는 분인데 믿음이 좋다고 했다. 나랑은 8살 차이가 나지만 동안이고 공부하다 보니 아직 여자 친구를 사귀지 못했다고 소개받았다.

그렇게 소개받은 남자분과 전화로 먼저 교제를 시작했다. 바쁜 직장 일로 시간 내기가 어렵다며 몇 번 전화 통화로 서로를 알아가고 있었는데 내 목소리를 들은 남자분은 나에게 호감을 표시했다. 목소리가 예쁘단다, 빨리 만나고 싶다고, 보고 싶다는 설렘도 표현했다.

차일피일 미루다 드디어 만나기로 약속 일정을 잡고 그 분이 내가 있는 지역으로 오기로 했다. 소개받은 남자분은 늘 바쁘고 잠잘 시간도 부족하다고 들은 터라 날 보러 먼 길 오게 하는 게 미안해서 내가 대신 서울로 올라가겠다고 했다.

그렇게 서울에서 만나기로 한 날, 나는 옷 중에서 가장 예쁘다고 생각되는 옷을 골라 열심히 치장했다. 빨간색 핸드메이드 코트를 입고 화장을 하고 설레는 마음을 안고 서울로 가는 기차에 올랐다.

그렇게 2시간 넘게 기차를 타고 서울역에 내렸다. 이때가 서울은 처음이었다. 서울은 처음이라 어디가 어디인지 모르겠고 그것도 나를 살짝 긴장하게 했다. 서울역 대합실에서 만나기로 한 우리는 서로 핸드폰으로 당사자를 확인했다.

그분이 나를 봤다. 근데 어째 표정이 밝지 않다.

나는 미소를 지어 반갑게 인사를 하고 그분 옆으로 갔다. 전화 통화할 때는 친절하고 나를 보고 싶다고 했는데 내 얼굴을 본 그분은 별말이 없었다. 그래도 멀리 두 시간을 넘게 기차를 타고 온 여자를 바로 돌려보낼 수는 없었는지 우리는 점심을 먹으러 갔다.

수많은 사람이 몰리는 서울에 온 것이 처음이었고 어느 방향으로 움직여야 하는지 몰라 주춤거리는 나와는 달리 그분은 빠른 걸음으로 지하철을 타고 내렸다.

그분을 따라가기가 버거울 정도였지만 피해주지 않으려고 빠른 보폭으로 열심히 따라 걸었다.

'원래 서울에서는 이렇게 빨리 걷는 걸까? 아니면 내가 마음에 들지 않아서 그런 건가?'

머릿속으로는 이런 생각을 했지만, 겉으로는 표 내지 않고 부지런히 뒤따라갔다.

밥을 먹고 영화도 봤다.

그런데 나에게 어떤 영화를 보고 싶은지 묻지는 않았다. 본인이 그동안 보고 싶어 했던 영화였던 것 같다. 영화를 보고 서울역에서 헤어졌는데 집으로 돌아가는 기차표도 내가 끊었다.

순간순간 무안하고 눈치가 보였지만 그분 앞에서는 아무렇지 않은 척 했다.

내가 표를 끊고, 만나기 전 미리 준비한 책을 선물로 내밀었다. 그분이 미안한 표정을 지었지만, 그게 다였다.

첫 만남에 대한 설렘을 안고 갔던 나의 첫 소개팅은 그렇게 끝이 났다. 기차를 타고 돌아오는 길에 자꾸 눈물이 났다. 왜냐하면 그 남자분의 태도에서 느낄 수 있었으니까.

나에게 전혀 호감이 없다는 것을, 그리고 나에 대한 배려가 전혀 없었다는 것을.

뭐라고 설명할 수 없지만 그냥 계속 눈물이 났다. 내가 그 남자였다면 비록 마음에 들지 않았더라도 그렇게는 하지 않았을 것 같다. 멀리 와준 여자에게 미안해 기차표도 끊어 주고 집에 잘 들어갔는지 문자라도 한번 넣어 줄 것 같다. 걸을 때 보폭도 맞춰주고 기다려도 줄 것 같다.

가면서 지금 어디 가는지 설명해 주고 무얼 먹고 싶은지? 무슨 영화를 보고 싶은지? 의견을 물어볼 것 같다. 사람에 대한 배려로 그렇게 할 것 같다.

그런 첫 소개팅의 나쁜 추억을 가지고 있던 터라 되도록 소개팅에서 기대를 하지 않으려고 했다. 그렇다고 만남을 전혀 가지지 않을 수는 없어서 소개팅이 들어오면 나가긴 하지만 소개받으러 나가는 자리는 어딘가 불편했다.

초등학교 졸업 이후 여자중학교, 여자고등학교, 간호대학에 다녔기에 학교 다니는 10년 동안 여자들 속에서만 살았다. 남자들과 교류를 가져보지 못한 나는, 남자 앞에서 유독 부끄러웠고 불편했다. 가정환경도 영향이 있으리라.

아빠는 나를 사랑하셨지만, 말이 험하셨다. 술 드시고 기분이 상하면 욕도 하시고 엄마도 곧잘 때리셨다. 사람이 있어도 없어도 상관없이 말이다.

구두를 신고 방안에 들어오셔서 물건을 부수거나 엄마를 때리실 때는 정말 무섭고 두려운 존재였다.

나랑 6살 터울인 오빠도 그 영향을 받아서인지 가끔 욕하거나 때리기도 했다. 여동생을 배려하거나 사랑해 주지는 않았다.

여고생에게 담배 사 오라는 곤란한 심부름도 잘 시키고 커서는 싫다는 날 데리고 은행에 가 내 이름으로 카드를 만들고 나를 신용불량자로 만들었고 그 돈도 내가 갚았다.

나는 오빠를 좋아하지 않았다.

그렇게 우리 가정은 배려와 존중이 통하지 않는 분위기였다. 그래서 그런지 나는 남자들이 불편하고 그 앞에서 주눅이 잘 드는 편이었다.

## 그리고 지금 여기

그런데 오늘 이 사람이 나에게 집중을 한다.

연신 내 눈을 맞추고 별로 재미없는 이야기에도 고개를

끄덕여 호응해 주고 관심을 보인다.

남자랑 단둘이 있는 것에 어색한 나는, 정적이 힘들어 아무 말 대잔치를 하곤 했는데 별로 재미없는 이야기임에도 관심을 보여주고 "저도 수경 씨가 가는 곳에 꼭 한번 가고 싶어요"라고 말하고 자연스레 다음 만남을 기약하는 멘트들을 내게 보냈다.

내가 착각하지 않으려고 해도 나한테 호감 있어 한다는 걸 느낄 수 있었다. 남자한테 이런 집중은 처음 받아보아서 살짝 당황도 되었다. 그렇지만 방심은 금물, '원래 배려해 주는 사람이면 그럴 수도 있지 않을까?'

돈가스를 썰고 후식으로 커피를 마시면서 이런저런 이야기를 더 이어갔고 데이트가 끝나고 그는 나를 집 앞까지 바래다주면서 내일 시간 괜찮은지 물었고 집에 돌아와서도 잘 들어갔는지 좋은 밤 되라는 문자도 보내 주었다. 그렇게 처음 만난 우리는, 그다음 날도 그 다음다음 날도 만남을 이어갔다.

키가 크고 잘생긴, 나만을 사랑해 주는 로맨티시스트. 그리고 그와 나는 동갑에 알고 보니 주민등록번호 뒷자리도 똑같은 운명 같은 사람이었다. 크리스마스이브에 만난 우리는 다음 해인 5월 24일에 결혼했다.

첫 포항 나들이, 첫 연극 공연, 첫 도서관 데이트 등 모든 게 그 사람과 처음이었다. 영화관에서 처음 내 손을 잡아

준 날, 두 시간 내내 심장이 '쿵쾅' 거렸다. 영화 내용은 하나도 기억나지 않는다.

이 손을 언제까지 잡고 있어야 하는지? 언제 손을 빼야 하는지? 거기에 온 정신이 집중되고 두 사람의 체온으로 잡은 손에서 땀이 나기 시작했지만 나도 그도 손을 빼지 않았다. 영화가 끝날 때까지.

연애할 때도 모든 것을 내 위주로 맞춰주었다. 내가 지금 뭐가 먹고 싶은지, 어디로 가고 싶은지, 나에게 항상 의견을 물어보았고, 데이트 비용은 모두 남편이 냈다. 미안해서 남편이 화장실 간 틈을 타 미리 계산을 하면, "수경 씨 앞으로는 절대 계산하지 마세요. 당연히 남자인 제가 내는 거예요."

자신이 화장실 간 틈을 타 내가 계산할까 봐 남편은 먼저 계산하고 볼일을 봤다. 돈을 아끼지 않는 사람, 알고 보니 돈을 함부로 쓰는 사람이 아닌데 내 앞에서만은 돈을 아끼지 않았다.

## 지금 나의 남편은

지금도 여전히 내가 뭘 먹고 싶은지, 어디 가고 싶은지 항상 물어보며 나를 배려해 준다.

나랑 손을 잡고 걸었고 겨울이면 잡은 손으로 자기 주머니에 넣어 따뜻하게 해 주었다.

운전을 하면서도 한 손은 내 손을 잡고 하루에도 여러 차례씩 사랑한다고 고백한다.

같이 걷다 운동화 끈이 풀어지면 쪼그리고 앉아 내 운동화 끈을 묶어준다.

날이 추워 귀가 빨개지면 자기 털모자를 내게 씌워주고 춥지 않도록 옷매무새를 잘 이어준다.

언제나 수경이가 제일 예쁘다고 이야기해 주고 수경이 노랫소리는 정말 천상의 소리라고 칭찬해 주었다.

수경이 같이 똑똑하고 매력 있는 여자는 없다고 하면서 아들들에게도 엄마 같은 여자 만나라고 이야기해 준다. 아들들이 별 반응이 없으면 다시 강조한다. 엄마 같은 여자 없다고.

예전 소개팅했던 남자들이 나를 대했던 태도들에 대해 내가 재미 삼아 이야기하면 나를 안쓰럽게 쳐다보며 이야기한다.

"지금 그 남자들은 다 후회하고 있을 거야."

"나는 그 사람들이 고마워. 그때 수경이의 진가를 모르고 놓쳤기 때문에 수경이가 나에게 올 수 있었잖아."

남편이 옆에 있으면 아무 눈치 보지 않고 아무 걱정이 없다.

남편과 함께 있으면 우리가 드라마의 연인들처럼 주인공이 된 기분이다.

나를 정말 사랑하는 걸 알고 있기에 위축되지 않는다.

남편이 나를 사랑해 주니 내가 회복되었다.

자존감이 회복되면서 점점 더 자신감을 찾게 되었다.

누군가 변함없이 자신을 사랑해 주는 건 사람을 치유하고 성장시킨다. 남자는 인정해 주면 성장하고 여자는 사랑해 주면 성장한다고 어느 책에서 본 기억이 있는데 그 말은 정말 맞는 말이다. 진짜 내 모습은 예쁜 얼굴이 아니어도 신랑 옆에 있으면 나는 예쁜 김태희로 변신한다.

모든 여자는 드라마의 연인들 같은 사랑을 꿈꾼다. 스팩이 좋고 외모가 뛰어나야지만 특별한 사랑을 할 수 있는 게 아니다. 평범한 사람이 특별한 사랑을 나누면 특별한 사랑의 주인공이 되는 것이다. 이미 결혼했다면 이제부터라도 남편을, 아내를 특별하게 대해주며 사랑을 나눠보자.

사랑도 전염된다. 가는 말이 고와야 오는 말이 곱고 남편을 왕처럼 대하면 남편도 나를 왕비처럼 대할 확률이 높다. 아직 결혼하지 않은 청년이라면 그런 순수하고 진실한 사람을 만나게 해달라고 기도하며 자신을 준비해 보자. 드라마의 연인들처럼 사랑하기, 그 또한 꿈꾸고 행동하는 자의 것이다.

여러분에게 좋은 인연이 나타나길, 그리고 계속 만들어 가길 응원해 드린다.

# 나를 성공시키는
## ＊ 롤모델 찾기

### 성공 공식의 첫 단계 - 찾기

성공의 사전적 정의는 목적하는 바를 이루는 것이라고 한다. 각자 성공의 기준은 다르겠지만 우리는 모두 성공한 인생을 살고 싶어 한다.

어떻게 성공한 인생을 살 수 있을까? 먼저, 성공자를 모방해 보자.

매일 직장에 다니지만 우리는 '이 직장에 계속 다녀야만 할까?', '이게 내 인생의 다인가?'하고 고민한다.

무언가 더 있을 것 같은데 또 무언가 보이지는 않는.

이럴 때 해결 방법은? 찾아본다.

내가 잘할 수 있는 일이나 나에게 더 맞는 직장을 말이다.

우리는 각자 잘하는 것도 다르고 개성도 다르다. 일하는 방식도 다르고, 말이다.

어떻게 찾을 수 있을까? 어떻게 내가 잘하고 좋아하는 것을 찾을 수 있을까?

나도 늘 그런 고민을 한 것 같다.

문제는 우리 다 고민만 하고 준비는 하지 않는다는 것이다. 직장을 이직하거나 다른 일을 할 수 있는 준비, 그건 안 하고 계속 다른 뭔가가 없을까 하고 궁리만 하고 있다.

놀랍게도 이걸 수년째 반복하고 있다. 지치지도 않고 말이다.

이직하거나 다른 일을 하고 싶어 하면서도 막연하게 생각만 할 뿐 찾아보지는 않는다. 찾고 움직이다 보면 의외로 뜻밖에서 기회를 만나기도 한다.

중요한 건 찾고 두드리는 것이다.

자기가 구하고 찾지도 않는다면 그건 어쩔 도리가 없다. 평생 그렇게 살아야 한다. 누가 가져다주는 건 없다.

전쟁통에 양식이 없으면 나가서 먹을거리를 자신이 구해야 한다. 가만히 있다가는 굶어 죽는데 아무도 나에게 음식을 가져다주지 않았다고 핑계해 봤자 나와 우리 가족만 고통스럽게 죽어갈 뿐이다.

## 걱정할 시간에 행동하기

행정복지센터에는 많은 사람들이 전화하고 도움을 요청한다.

기초생활수급자가 어떤 경우에는 차라리 낫다. 매달 일정 수급비가 나오고 무엇보다 병원비가 공짜다. 수급자가 아닌 일반인들이 오히려 더 힘들 때가 많다. 단돈 만 원이 없어 병원에 가지 못하는 분들을 여럿 만났다.

돈이 없으면 아파도 병원에 갈 수가 없고 하루 벌어 하루 사는 사람들은 매일 걱정이다. 남에게 아쉬운 소리를 해야 하고 삶이 비참해진다. 의외로 이런 분들이 많다.

이게 꼭 그분들의 이야기일까? 사실은 우리 모두의 이야기가 될 수도 있다. 나도 당장 월급이 들어오지 않으면 생활이 어려워지고 3개월만 지나도 지금의 생활을 유지하기 힘들다. 그러니 이제부터라도 찾아보자!

다른 사람들은 잠깐 걱정은 해줄 수 있지만 그때뿐이다. 그럼 어떻게 찾을 수 있을까? 유튜브만 보지 말고, 커피숍에서 수다만 떨지 말고, 자기 연민에 쌓여 방에만 누워있지 말고 말이다. 배운 게 없다고 할 줄 아는 게 없다고 핑계도 이제 그만. 직장에 갔다 오면 파김치가 되고 나이가 많아 벌써 늦었다고 이야기하는 것도 그만하자. 모두 내 이야기이다.

할 수 없는 이유는 늘 있었고 앞으로도 그럴 것이다. 이제 공부하자! 하고 싶은데 방법을 몰라 헤매는 사람도 부지기수다. 나 또한 그렇다. 그럴 땐 성공자를 따라가 보자. 내가 끌리는 성공자, 내 관심 분야에 먼저 가보고 성공한 그 사람을 말이다.

그 사람의 성공의 여정을 따라가 보자. 그러다 보면 조금씩 성장하게 되고 어떻게 가야 하는지 길이 보이게 될 것이다. 우리가 잘 아는 이야기이지만, 글도 그림도 처음에는 유명 작가의 글과 그림을 모방한다. 그게 차곡차곡 쌓여 내 실력이 되고 그 실력을 바탕으로 나만의 글과 그림을 창조할 수 있는, 많은 사람에게 영감과 감동을 줄 수 있는, 그런 예술가로 성장하는 것이다.

그래서 나는 따라가기로 했다. 먼저 간 성공자를, 그들의 행동을 말이다.

## 롤모델의 정의

먼저 〈이제 시작해도 괜찮아〉의 책의 저자인 정회일 작가를 롤모델로 삼아서 따라 하기로 했다. 정회일 작가는 롤모델의 정의를 단지 저 멀리 있고 우리가 닿을 수 없는 부러운 모델이 아니라 우리가 카피하며 따라갈 수 있는 모델이라고 했다.

이 얼마나 신선한 말인가? 그냥 롤모델, 롤모델 이야기만 했지, 나는 카피할 생각을 전혀 못 하고 있었다.

세계적인 스타인 김연아 선수는 미국의 피겨스케이터 미셸 콴을 롤모델로 삼았다고 한다.

그녀의 연기 동작, 표정, 스킬 등 어떤 마인드를 가지고 훈련에 임했는지, 그녀를 보며 동경하며 따라갔으리라.

이제는 모든 피겨 스케이트 선수들이 김연아 선수를 롤모델로 삼고 있다.

김연아 선수의 경기를 볼 때마다 너무 아름다워 눈을 뗄 수 없다.

아름다운 외모와 의상도 물론 한몫하지만, 연기할 때의 우아함과 완벽한 기술, 위기 가운데에서도 빛나는 마인드까지. 김연아 선수의 연기를 보노라면 벅차오르는 감동이 밀려온다.

은퇴 후 최근에 영상을 돌려보는데 더 감동이다.

그때는 경기를 떨리는 마음으로 본다고 김연아 선수의 연기에 온전히 집중하지 못했는데, 지금 편안한 맘으로 영상을 보니 표정, 손짓, 그리고 음악과 동작이 하나 되는 디테일한 감정 표현과 물 흐르듯이 하는 자연스러운 연기까지 정말 감탄이 절로 나온다.

피겨 여왕이 되기까지 얼마나 피나는 훈련과 자기 절제,

매일 똑같이 진행되는 지루한 훈련을 반복하며 견뎌냈을까?

여러분은 누구를 롤모델로 삼고 싶나? 그분을 카피할 준비가 되었는가?

앞에서 말했듯, 나는 정회일 작가를 나의 카피 모델로 삼았다. 그는 집이 빚만 수억 있어 컨테이너에서 살고 있었고, 질병으로 극심한 육체적인 고통이 있었음에도 아무 희망도 가져볼 수 없었던 이 백수 청년이 어느 날 이지성 작가를 만나게 된다. 작가가 제시한 매일 하루 한 권의 독서를 실천하며 성공자의 삶을 살게 된 이야기가 감동적이었다.

성공해서 잘 먹고 잘살았더라고 끝나지 않고 기부를 계속 실천하는 삶이, 그리고 글을 통해 많은 사람에게 동기부여를 하고 삶을 변화시키는 그 부분이 나에게 귀감이 되었다. 아주 뛰어나게 똑똑한 분도 아니었고 그렇다고 건강한 사람도 아니었다. 빚더미에 건강하지 못한 분이어서 (일단 나는 빚이 더 적고 건강하니까) 그 시작점이 나도 충분히 따라갈 수 있을 것 같다는 생각이 들었다.

이지성, 정회일 작가의 공저 〈독서 천재가 된 홍대리〉를 읽고 너무 충격을 받았다. 매일 한 권의 독서라~ 처음 들어보는, 독서의 패러다임을 완전히 바꾸는 개념이었다.

# 롤모델 따라 하기

20대 때 지그지글러가 쓴 〈정상에서 만납시다〉라는 책을 읽었다.

책 표지에 보면 정상으로 가는 문이 높은 곳에 있고 그 문을 향한 여섯 계단이 그려져 있었다. 한 단계 한 단계 올라가라는 뜻이었으리라.

첫 계단을 오르고 다음 단계의 계단을 오르는 성공의 단계를 잘 표현한 표지였다. 자, 지금 우리도 계단 앞에 와 있다고 상상해 보자.

어떻게 올라가면 될까?

길을 모르겠으면 롤모델을 따라가 보면 된다고 했다.

### 정회일 작가 꿈을 이루기 위한 행동 분석

① 멘토를 찾아가서 도움을 구함.(찾아갈 수 없다면 책과 강연을 통해 멘토를 만나자!)

② 멘토가 제시한 하루 한 권의 독서를 실천함.

③ 영어 왕초보로 시작해서 독학 6개월 만에(영어를 잘하지 못하는 상태에서) 매일 공부하며 가르치기 시작하면서 개인과 학원이 동반 성장함.

④ 가정의 빚 4억을 갚음.

⑤ 돈을 1억 기부함. (지금은 4억)

⑥ 자기 고통의 이야기로 사람들에게 감동을 줌.
⑦ '왜 하필 나에게?' '왜 이런 일이 나에게?'라는 불평 대신 '어떻게 해야 할까?'를 생각함. 극복, 성장, 그리고 이 노하우를 티칭, 코칭 하게 됨.
⑧ 안 된다고 하는 사람들의 말에 귀 기울이지 않고 그런 모임에 나가지 않음. 꿈이 있는 사람들과 꿈을 나누며 에너지를 쏟음.
⑨ 내가 잘하고 좋아하고 남을 유익하게 하는 일을 발견하여 매진.
⑩ 책을 내고 여러 교육 플랫폼을 계발하여 수많은 사람을 코칭.
⑪ 사랑의 기반을 둔, 자신이 잘하고 좋아하는 일을 통해 다른 사람들을 섬기며 가난한 자들에게 나눌 수 있는 (1억 기부) 제자 10명을 키우는 것을 목표로 세움. 혼자는 힘들지만 함께라면 행복하고 재미있게 그리고 더 파워있게 세상에 기여할 수 있으리라는 가치를 가지고 사람들을 세워나가고 있음.
⑫ 지금은 1조 원 기부(병원, 학교, 도서관, 우물 파기)를 계획하며 여전히 노력하고 있음.

이것을 여러분에게 그대로 대입해 보라!
여러분의 롤모델의 행동을 분석하고 그대로 실행해 보

라. 너무 희망적이지 않은가?

어떻게 성공하는지 방법을 몰랐는데 이렇게 카피하면 되니 말이다.

먼저 가본 자의 말을 따라가면 된다.

먼저 성공한 자들의 행동을 따라 하면 된다. 훨씬 수월하고 여러 시행착오를 줄일 수 있다.

그래서 나의 롤모델을 따라 하기로 했다.

가슴이 뛴다.

오늘 누구의 행동이 나의 것이 된다. 그 꿈도, 그 성공도 나만의 색깔을 담아 세상에 나온다. 먼저는 첫 단계부터 시작하자! 나는 행동하는 독서를 시작했다.

여러분은 무엇을 시작할 것인가?

*눈물을 흘리며 씨를 뿌리는 자는 기쁨으로 거두리로다*
*- 시 126:5*

씨를 뿌리고 바로 자라길 기대하면 안 된다고 했다. 씨를 뿌렸으면 기다려야 한다.

우리는 때때로 씨도 뿌리지 않고 열매 맺기를 기대하기도 한다. 있을 수 없는 일이다.

먼저 씨를 뿌려라! 그 작은 행동의 씨앗을~~

## 신이 내린 축복 * 걷기

### 실패 후 시작한 걷기의 위력

책 〈돈의 속성〉, 〈김밥 파는 CEO〉의 저자인 김승호 회장은 사업에 실패하고 의기소침했을 때 운동을 시작하면서 다시 자신감을 회복하게 되었다고 한다.

〈파리에서 도시락을 파는 여자〉의 저자 켈리 최도 사업 실패로 인해 우울증으로 집 밖으로 나오지 않고 두문불출했을 때, 다시 마음을 다잡기 위해 처음 시작했던 게 걷기였다. 처음에는 에너지가 없어 5분도 걷기 힘들었다고 했다. 10분, 20분 그렇게 걷는 시간을 늘려가면서 몸도 마음도 차차 회복되기 시작했다고 한다. 지금은 연 매출 7천 억의 켈리 델리를 운영하고 있다.

## 질병의 90%는 걷기만 해도 낫는다

―

걷기, 돈도 들지 않고 기구나 장소에 제약도 없다. 그냥 나가서 걸으면 된다. 〈질병의 90퍼센트는 걷기만 해도 낫는다〉라는 일본의 의사가 쓴 책도 있다. 실제로 걷기만 꾸준히 해도 많은 질병이 호전된다고 한다.

특별히 현대인들은 앉아서 많이 생활하기 때문에 여러 질환에 노출될 확률이 높은데 이런 질환을 현저히 감소시킬 수 있도록 하는 가장 손쉽고 가장 안전하고 가장 효과적인 게 걷기이다. 이론은 다 아는데 왜 안 걸을까?

① 시간이 없어서.
② 힘들어서.
③ 필요성을 못 느껴서.
④ 매일 지속하기 힘들어서.

친구랑 전화로 이야기할 시간은 있지만 걸을 시간은 없다.(친구는 소중하니까.) 일로 야근할 시간은 있지만 걸을 시간은 없다. (생계를 위해서는 어쩔 수 없잖아.) 힘들고 지친 몸이라 소파에 누워 TV를 보거나 스마트폰 만질 시간은 있지만 걸을 시간은 없다. (그렇게라도 쉬지 않으면 무슨 낙으로 살아?)

시간이 없는 듯하지만, 사실 하루에도 얼마나 많은 자투리 시간을 그냥 허비하는지 모른다.

예전 미국 영화나 드라마를 보면 반바지에 티셔츠를 입고 멋진 호수나 공원을 배경으로 조깅하는 사람들을 본다. 손목에는 시계를 차고 이따금 시간을 보면서 말이다. 그럴 때면 음악도 깔려 나온다. 뭔가 경쾌하면서 희망적인, 그걸 보면 왠지 가슴이 뛴다. 나도 저렇게 뛰고 싶다고, 나도 뭔지는 모르지만, 새롭게 시작하고 싶다고.

그렇지만, 현실은 우리가 뛸 때 경쾌한 음악도 없고 멋진 배경도 없다. 내 복장도 멋지지 않고 폼나는 손목시계도 없다. 무엇보다 나를 쳐다봐 줄 보는 이도 없다.

기분에 한두 번은 결심하고 운동 나갈 수 있으나 계속 지속하기는 사실 어렵다. 그런데 또 그 시간에 운동 안 나가서 뭘 할까? 대부분 쉬거나 유튜브 본다.

쉬는 것 같지만 의미 없게 시간을 낭비했을 때의 아무것도 하지 않은 듯한 그 허무감이란.

## 신이 내린 축복-걷기

허리 통증으로 힘든 시기를 보낼 때 정선근 교수의 〈백년 허리〉라는 책을 읽고 동기부여가 되어 걷기를 시작했다.

어떤 사람은 걸으며 사색한다는데 나는 유튜브로 좋은

설교 말씀을 들었다. 한 시간을 걸으며 귀로는 말씀을 듣고 입으로는 기도를 드렸다. 걷기, 좋은 말씀 듣기, 기도 이 세 가지를 동시에 하니 시간을 잘 활용하는 것 같아 기분이 좋았다. 그렇게 계속하자 어느 순간부터 걸으러 나가는 그 시간이 기다려졌다.

직장을 마치고 집에 오면 남편과 아이들이 있어 행복했지만, 오롯이 혼자만의 시간이 없었는데 걸으니까, 혼자만의 시간을 가질 수 있어 좋았다. 바람을 느끼고 길에 핀 꽃도 보고 다른 운동 온 사람들 구경도 하고. 달도 보고 별도 보고 가로등 불빛 아래에 보이는 벚꽃들은 얼마나 아름다운지. 바람에 흩날리며 떨어질 때는 환상적이었다. 집에서 유튜브 보며 쉬고 있었으면 느끼지 못했을 것들이다.

오리 떼가 물에 떠다닌다, 새도 짝 지워 날아간다. 풀벌레 소리가 너무 듣기 좋다. 노을이 지는 하늘이, 아름답다.

걸을 때, 모든 것들이 느리게 내 시야로 들어온다. 호흡할 수 있어, 자연을 볼 수 있어서 두 다리로 걸을 수 있어서 그런 감사들이 하나씩 내 안에서 올라온다. 그리고 집으로 돌아와 냉장고에서 꺼낸 차가운 탄산수는 얼마나 시원한지.

많은 사람이 걷기로 건강을 회복했다고 한다. 또 많은 사람이 걷기로 우울증에서 회복되었다고 한다. 그런 예는 TV 건강 스페셜이나 책에서 얼마든지 찾아볼 수 있다. 아무리 좋은 정보도 내가 하지 않으면 아무짝에 쓸모가 없다. 그래서 나는 걷기로 했다. 걷기를 하시는 분은 너무 잘하고 계시고 아직 바빠서 미루신 분들이 있다면 오늘부터라도 걷기를 시작해 보자.

처음에는 10분만 걸어도 좋다. 그렇게 조금씩 시간을 늘려가면 된다. 혼자 걸어도 좋고 둘이 걸어도 좋다. 저녁 식사 후 가족들이 함께 걷는 것도 너무 좋다. 가족들이 함께 걷다 집에 돌아오는 길에 아이스크림을 입에 물고 들어오면 행복감이 배가 된다.

**함께 하면 더 행복해진다.**

—

함께 걸으면 집에서 하지 못하던 이야기를 나눌 수 있다.

함께 같은 길을 걸으며 같은 경치를 보고 같은 세기의 바람을 맞는 것. 시간을 함께 보내는 것은 참 멋진 일이다.

걸을 때 기분을 좋게 하고 스트레스를 감소하는 호르몬이 나와서 그런지 걷고 나면 기분이 좋아지고 실제 스트레스가 해소되는 느낌을 많이 받는다

여러분도 함께 걸었으면 좋겠다. 걸으면서 마음도 건강도 회복되시길, 걸으면서 작고 소소한 행복을 누리시길 진

심으로 응원한다.

혹시 혼자 걸어서 외로우시면 기억하셨으면 좋겠다. 우리 모두 각자의 지역과 동네에서 열심히 걷고 있다는 사실을. 여기도 한 사람 있다.

# 온 가족 건강지킴이
# ＊ 비타민C 메가도스

## 비타민C 먹기

나는 영양제 먹는 것을 좋아하지 않았다. 몸에 좋은 음식이나 영양제별로 일일이 챙겨 드시는 분들을 보노라면 '뭐 굳이 저렇게까지 해야 할까?'라는 생각을 종종 했다. 알약도 잘 못 먹는 편이었고 건강에 크게 관심이 없었다. 크게 아파보지 않아서 그랬던 것 같다.

남편은 결혼 초에는 체격도 건장하고 무거운 나를 들어 안아 올릴 수 있었는데 어느 순간 건강이 나빠지기 시작했다. 그때부터 나는 어떻게 하면 남편의 건강을 회복할 수 있을까? 하여 이것저것 몸에 좋은 식품을 찾아보게 되었다. 여러 네트워크 마케팅(암웨이, 뉴스킨 같은 종류의)에서 소개하는 식품을 알아보고 주문해서 먹어도 보았다.

남편은 영양제를 좋아하지 않아 주문해서 오면 한두 번만 먹고는 먹기를 꺼려 큰맘 먹고 산 비싼 영양제는 결국 내가 먹게 되었다. 좋은 영양제는 나에게 그다지 효과가 없었다. 몸이 크게 아프지 않아서인지 아니면 금액이 부담스러워 한두 달만 먹고 말아서인지 별 효과를 못 느꼈다. 대부분 꾸준하게 3개월 이상 6개월 정도 먹어보라고 했지만, 네트워크 마케팅에서 소개하는 식품들은 하나같이 왜 그리 비싸던지, 오래 먹기가 부담스러웠다. 그러다 서울대 이왕재 박사의 비타민C 메가 도스(고용량 요법)에 대해 듣게 되었다.

이왕재 박사는 면역학자로 비타민 연구의 세계적인 권위자이다. 암이나 노화에는 활성산소가 원인이라고 했다. 이 활성산소를 잡아 주는 것이 항산화제인데 대표적인 게 비타민C이다. 운동도 다 좋은 줄 알았는데 격렬한 운동은 오히려 활성산소가 많이 나와 해로울 수 있다는 걸 처음 알았다. 그래서 운동 전 비타민 섭취를 해주면 좋다고 한다.

과식도 활성산소가 많이 나와 건강에 해롭다. 이왕재 박사의 책 〈비타민C 이야기〉에는 그 효능이 상세하게 나와 있는데 비타민C는 면역과 암 예방, 혈관질환 예방에 많은 도움이 된단다. 그래서 나도 따라서 먹기로 했다. 메가도스(고용량) 하루 6,000mg 비타민C 섭취.

비타민은 수용성이어서 체내 축척이 되지 않고 소변으

로 다 배출되기 때문에 한꺼번에 복용하는 것보다 매 식사 후 2,000mg을 나눠서 먹는 게 좋다고 한다. 소변으로 나올 걸 왜 먹냐고 하는 분들이 있어 진정주 약사는 책 〈내 몸이 웃는다〉에서 이런 비유를 들어 설명했다.

'콩나물시루에 물을 주면 순식간에 빠져나가지만, 콩나물은 쑥쑥 잘 자란다. 먹자마자 빠져나가지만 제 역할 다하고 나가는 것이다.'라고.

그래서 한꺼번에 복용하는 것보다 수시로 자주 복용하는 것이 좋다고 한다. 비타민C만 꾸준히 먹어도 여러 질병을 예방할 수 있고 도움이 된다고 했다. 게다가 비타민C는 시중에 나와 있는 어떤 종류도 크게 상관없고 가격도 엄청 저렴하다. 굳이 비싼 독일산이나 미국산을 먹지 않아도 된다고 한다.

단, 종합영양제에 함께 있는 비타민보다 순수 비타민C를 섭취하라고 하셨다.

## 메가도스의 유익

비타민C가 소변으로 배출되면서 방광을 청소해 주고 튼튼하게 해준다고 했다. 그래서일까? 밤에 화장실에 가는 횟수가 한 번으로 줄었다. 현재 꾸준히 먹고 있는데 피부가 좋아지고 장이 건강해지고 감기에 걸리지 않았다. 그 전에는 설사도 자주 하는 편이었다.

감기에 걸릴 것처럼 몸 상태가 좋지 않을 때는 자기 전에 5,000mg을 먹고 자면, 다음 날엔 몸이 가뿐해졌다. 감기가 왔을 때도 다른 때보다 더 빨리 지나갔다. 아이들에게도 먹여보니 지난 겨울, 처음으로 감기에 걸리지 않고 지나갔다.

나는 혈압약도 먹고 있다. 가장 작은 용량을 먹고 있지만, 혈압이 135~140대를 오가서 약을 좀 더 올려야 하나 고민하던 차에 비타민C를 꾸준히 먹으니, 지금은 혈압이 120~110대이다. 혈압이 좀 더 안정되고 감기에 잘 걸리지 않게 되었다.


## 당신이 먹는 음식이 곧 당신이다.

—

히포크라테스는 '당신이 먹는 음식이 곧 당신이다.'라고 했다.

먼저는 해로운 음식을 되도록 먹지 않고 자연에서 난 음식을 조리해서 먹는 노력이 필요하다. 자연에서 나는 식재료는 우리를 건강하게 한다. 과일과 채소, 쌀에도 우리가 알지 못하는 영양소가 가득하다.

산과 바다, 자연에서 난 것은 우리 몸을 건강하게 하지만 사람들이 식품을 첨가해서 만든 것(라면, 과자, 아이스크림)은 맛은 있고 우리도 즐겨 먹지만, 건강에는 해롭다.

인스턴트와 밀가루의 섭취는 줄이고 항산화제인 비타민C도 꼭 섭취하자.

## 가장 저렴한 온 가족 건강지킴이

—

건강을 잃으면 다 잃는 것이라 했으니 지금 덜 아플 때 최소한의 건강을 위한 노력을 해보시면 어떨까?

참고로 비타민C 원재료는 중국과 영국밖에 없다고 하는데 사실 별 차이는 없다고 한다. 타입은 가루 제품과 알약이 있는데 본인의 취향에 맞게 드시면 된다. 네 식구가 다 같이 비타민을 먹어도 10만 원 안쪽으로 먹을 수 있다.

영국산으로 드실 때 가격이 좀 더 올라간다. 가장 저렴하고 독성이 거의 없는 비타민C, 남녀노소, 그리고 간장질환, 신장질환 환자에게 안전하게 먹을 수 있고 항산화의 최고 요법이라고 하니 가족과 꼭 함께 드시길 추천한다.

나는 질병으로 고생하는 분들을 보면 마음이 아프다. 모든 분이 건강해지셨으면 좋겠다. 온 가족 건강지킴이로 비타민C 메가도스 요법을 추천한다.

## 삶을 변화시키는 * 독서

### 지식, 변화의 출발점

아주 예전에 읽었던 책 내용 중 일부이다. 십수 년 전에 읽었던 내용이라 내용이 정확하지는 않지만, 글의 요점은 이렇다.

어느 여자가 유람선을 타고 여행하는 게 소원이었다. 오랫동안 돈을 모으고 드디어 여행길에 올랐다. 배 안에서는 매일 밤 파티가 열렸고 모든 것이 호화롭고 아름다웠다.

여인은 낮에는 사람들과 대화를 즐기고 좋은 시간을 보냈지만, 저녁이 되면 혼자 자기 방으로 쓸쓸히 돌아와야만 했다.

사람들은 밤이 되면 예쁜 드레스와 멋진 턱시도를 잘 갖춰 입고 파티가 열리는 선상으로 향해 그 시간을 즐겼지만,

힘들게 여행경비를 마련한 여인은 밤마다 열리는 멋진 파티장에 갈 수 없었다. 비싼 경비를 지불할 돈이 없었기 때문이다. 여인은 자기 방에 들어가 비스킷과 가지고 온 통조림으로 저녁을 떼워야 했다. 그리고 여행 마지막 날, 그래도 마지막 날인데 이 하루만큼은 여인도 즐기고 싶었다. 그래서 자신이 가지고 온 옷 중에 가장 좋은 옷을 입고 파티장으로 향한다. 아름다운 음악의 선율과 사람들이 행복해하는 웃음소리, 그리고 각종 해산물과 맛있는 음식까지. 여인은 그 저녁 식사 만찬이 무척이나 마음에 들었고 행복했다.

파티가 다 끝나갈 즈음, 여인은 아주 만족해하며 웨이터를 불렀다. 오늘 식사비를 지불하기 위해서였다. 식사비가 얼마인지 묻자, 웨이트가 고개를 갸웃거리며 이야기했다.

"무슨 말씀인지 모르겠습니다. 여기는 식사 비용이 따로 없습니다. 이미 여행경비에 다 포함되어 있으니까요."

이미 뱃값에 다 포함되어 있는지도 모르고 자신은 돈이 없다며 매 저녁 만찬을 즐기지 못한 여인 이야기였다.

나한테 굉장한 임팩트가 있는 이야기라 오래도록 기억에 남았다. 나는 이 글을 읽고 이렇게 느꼈다.

'지식이 없으면 자신이 당연히 누려야 될 권리를 누리지 못하는구나.' 지식의 중요성으로 나에게 다가왔다. 알아야 누릴 수 있는 그 지식, 어디에서 얻을 수 있을까?

여러 가지 방법이 있겠지만 가장 일반적인 것이 독서라

할 수 있겠다.

## 나의 독서의 시작

—

나는 독서하는 시간을 좋아한다.

어릴 때는 책을 좋아하지 않았다. 그러다 심심해서 우연히 읽은 책은 굉장히 재미있고 흥미롭기는 했다. 독서 습관이 잡히지 않았던 그때는 그렇게 일회적인 독서에 그쳤다.

어릴 때 내 방이 없었다. 아침에 눈을 뜨면서 그리고 저녁에 잠들기 전까지 TV 소리와 함께 잠이 깨고 잠이 들었다. 부모님이 오후 5시가 되면 가게에 나가시고 새벽 4시경에 들어오셔서 그 밤 시간이 무서워 TV를 시청하다 잠이 들었다. 그때는 자정이 되면 애국가와 함께 TV 화면이 자동 정지가 되었는데 늘 애국가를 듣고 잠이 들었다. 혼자 사는 어르신들이 TV가 친구이듯이 나도 그랬다.

매일 TV를 시청하며 하루하루를 보냈다. 그러다 철이 들고 어려운 일이 생기면서 나도 돌파구를 찾고 싶었다. 누구에게 나의 아픔을 다 털어놓을 수가 없어 힘든 마음에 어느 순간 책이 눈에 들어왔다. 그 이후로 책이 친구가 되었다.

책을 통해 나만 힘든 게 아니라는 것을 알게 되면서 그게 또 위로가 되었다. 월급을 타면 내가 가장 먼저 달려가는 곳은 책방이었다. 책을 사러 가는 길이 설렜고 기대가 되었다. 그렇다고 수준 높은 독서가는 아니었다. 그저 내 마음을 달래주고 내 문제를 해결하고 싶어 책 제목에 끌려 읽는 그런 수준이었다.

어디를 가든지 항상 가방에 책을 가지고 다녔다.

책을 가지고 다니니 심심하지 않았다. 버스를 기다리는 시간도, 친구와 약속 있는 날도, 미용실에 파마하는 날에도 책을 가지고 갔다. 책만 있으면 친구가 늦게 와도 화나지 않았고 파마 시간이 길어져도 지겹지 않았다. 때때로 책을 읽으며 기차를 기다릴 때는 행복이 밀려왔다. 책을 읽고 있으면 그 순간만큼은 또 다른 희망이라는 세상 속으로 들어갔기 때문이다.

### 삶의 희망이 되는 독서

엄마가 쓰러진 후 3년 넘게 병원 입, 퇴원을 반복하는 병원 생활에서도, 아빠를 병간호하면서도 어김없이 책을 읽었다. 6인 병실에 환자들이 TV를 켜면 TV 소리에 병실이 아주 시끄러웠지만, 아랑곳하지 않았다. 내 마음이 힘들어서 TV가 눈에 들어오지 않았다.

책이 나를 위로해 주고 희망을 주고 길을 제시해 주었다. 책이 나의 도피처였다.

위라클 채널의 박위 유튜버는 20대에 정말 밝고 빛나는 앞길이 창창한 청년이었다. 낙상으로 한순간에 전신마비 진단을 받고 그가 겪은 무섭고 고통스러웠던 과정을 책〈위라클〉에 담았다.

희망과 감동이 있는 책이다. 책을 읽으며 20대의 청년이 너무 대견하고 나에게 삶의 의미를 다시 깨우쳐 주어 읽으면서 연신 눈물이 났다. 그리고 책 마지막 부분에 '아버지가 위에게'라는 제목의 글이 실려 있다. 아버지의 마음이 내 마음도 대변해 주는 것 같아 함께 여기에 한 번 옮겨 적어보았다.

-아버지가 위에게-
사고가 나고 24시간 아들을 지키면서 힘들고 고통스러웠다.
그때 그 고통에서 도망갈 궁리를 했나 보다.
어느 날부터인가 너에게 선물로 들어온 책을 읽기 시작했다.
곧 너한테 들어오는 책뿐만 아니라 보이는 책들은 닥치는 대로 읽었다.
책을 읽는 그 순간만큼은 너를 잊을 수 있었다.

나는 누구인가?

내 삶의 의미는 무엇인가?

난 어디쯤 와 있고 어디로 가고 있는가?

책에는 내가 경험하지 못한 상상하지도 못한 세계가 그곳에 있었다.

너무 흥미로웠다.

나는 매일매일 새로운 세계를 탐험했고 매일매일을 두근거리며 기다렸다.

책은 나에게 무엇보다 사색과 성찰을 선물해 주었다.

(생략)···.

아빠로서 이런 말 해도 되나 싶지만 너의 사고로 인해 내 삶이 바뀌었고 너의 고난으로 인해 내 삶은 이루 말할 수 없이 풍요로워졌다.

- 위라클

아들의 고통을 지켜보아야만 하는 부모의 심정을 어떻게 말로 표현할 수 있을까?

그럼에도, 그 가운데 책을 통해 인생의 의미, 살아가야 할 이유, 자신의 성찰, 그리고 고난에 대한 해석이 바뀌면서 삶이 풍요로워졌다고 고백하시는 것 같았다.

나도 그렇다.

힘들 때마다 독서를 통해 고난의 의미를 재해석하면서

그것이 힘이 되고 위로가 되었다.

## 지식으로서의 독서

책 〈미라클 모닝〉에서는 독서가 삶을 변화시키는 가장 빠른 길이라고 했다. 살아가면서 필요한 것이 무엇이든 책은 답을 알려줄 수 있다고 한다.

독서의 핵심은 전문가로부터 배우는 것이고 그들은 이미 우리가 원하는 것을 이뤄낸 사람들이다. 원하는 것을 이루는 가장 빠른 방법은 이미 성공한 사람들의 본보기를 따라가면 된다.

괜히 시간을 낭비할 필요 없다. 성공을 성취하기 위한 지식과 아이디어, 전략이 책에 있다.

우리는 전문가를 만날 수 있는 기회가 적다. 그들을 어디에서 볼 수 있을까?

그렇지만 그들이 쓴 책을 통해 그들의 지식과 생각, 그리고 열정과 노하우를 얼마든지 배울 수 있다. 단돈 2만 원도 안 되는 금액으로 말이다.

대면해서 만날 때 느껴지는 아우라와 에너지, 그런 분위기와 기운은 느낄 수 없지만 책을 통해 더 상세하고 친절하게 설명해 주는 그들의 지식과 노하우를 들을 수 있다.

# 쉽게 시작할 수 있는 독서 습관 들이기

독서가 중요하다는 것을 알면서도 아직 실행하지 못하는 분들도 많다. 아마 시간이 없고 마음에 여유도 없어서 그럴 것이다.

책을 하루 15분만 읽으면 최소 10쪽은 읽을 수 있다. 1년이면 3,650쪽은 읽게 된다. 이는 200쪽짜리 자기 계발서 18권에 달하는 분량이라고 한다. 아무리 시간이 없어도 1년에 최소 18권은 읽을 수 있다. 차차 읽는 속도가 붙으면 독서량을 조금씩 늘려가면 된다. 하루 20쪽 읽으면 1년에 36권, 30쪽 읽으면 1년에 54권 정도는 읽을 수 있다. 오늘부터 하루 10쪽씩만 독서를 시작해 보자. 소요 시간이 15분이면 충분하다.

먼저는 자신이 읽고 싶은 책으로 시작하자. 건강, 인테리어, 요리, 자기 계발, 뭐라도 자신이 관심 있어 하는 분야의 책으로 독서를 시작해 보자.

탁월해지고 싶으면 먼저는 독서해야 한다. 지식이 없으면 탁월해질 수 없다. 아니, 이제는 시대의 흐름을 읽지 못하면 도태될 뿐만 아니라 살아남지 못하는 시대이다.

먼저는 지식 기반을 쌓아야 한다. 그리고 우리가 세상에서 본 성공자들은 모두 독서광이었다.

**손정의**

손정의는 이름 없는 사업가에 불과했다 그러다가 병원에 입원해 있던 20대 시절, 〈료마가 간다〉라는 책에 큰 감명을 받아 그 이후로 엄청난 독서광이 되었고, 오늘날 세계를 주름잡는 사업가로 변화했다.

다른 모든 성공한 사람들도 마찬가지다. 전부 독서에 목숨 걸고 매달린 결과 기적 같은 자기 변화를 이뤘다.

**이랜드 박성수 회장**

이랜드 그룹의 박성수 회장은 대학 4학년 때 사형선고와 같은 근무기력증으로 병원에서 누워지내야만 했을 때 달리할 수 있는 게 없어 자포자기하는 마음으로 독서를 시작했다. 그러다 친구에게 학교 도서관에서 책을 빌려달라고 부탁하고 무려 3여 년 동안 3천 권의 책을 읽었다.

이때의 지식과 아이디어, 삶의 성찰로 병을 극복하고 난 후 이랜드라는 회사를 설립하였다.

## 책에서 이야기하는 독서의 유익

**100일 아침 습관의 기적 - 켈리 최**
♦ 독서는 생각을 전환하는 마중물이자 틀에 박힌 생각을

부수는 도끼다.
- 가만히 있으면 그날이 그날이고 변할 수 없는 사람이 된다. 생각의 틀과 내용을 바꿔주는 가장 확실한 방법은 독서다.
- 독서는 당신조차 모르는 당신 내면의 세계를 확장하는 일이다.
- 독서는 주변에 있지 않은 성공자들을 일대일로 만나는 일생일대의 기회다.
- 내가 사업을 준비할 때 한 분야의 책 100권을 반복해서 읽었다. 읽은 내용을 곱씹고 실제 내 것으로 적용하는 시간이 성장에 결정적이기 때문이다.

### 웰씽킹-켈리 최
- 당신이 뻔한 이야기로 생각하는 이 방식으로(독서하고 삶에 적용) 그들이 성공할 수 있었다는 사실을 잊지 마라.
- 성공한 사람들의 실행을 섣불리 판단하지 말고 그들의 입장에서 생각하고 내 삶에 적용하려는 자세가 중요하다.

### 생각의 비밀-김승호
〈생각의 비밀〉, 〈김밥 파는 CEO〉의 저자인 김승호는 세계에서 가장 큰 도시락 회사를 운영하는 슈퍼리치이다. 연

매출 4천억 원을 자랑하는 그가 강조하는 덕목 역시 독서의 중요성이다. 성공한 사람들의 가장 일반적 습관은 독서다. 무려 88% 이상이 하루에 30분 이상의 독서를 즐긴다. 반면 가난한 사람들은 2%만이 독서를 즐긴다.

성공한 사람들은 가까운 거리에 항상 책을 둔다. 집, 사무실, 책상, 자동차 등 어디에도 책이 보인다.

### 독서 천재가 된 홍 대리

- 독서는 인생의 변화를 위한 선택이 아니라 필수다.
- 자기 업무 분야의 책을 1년 동안 100권 읽기
- 자신의 업무 분야에서 최고 일인자가 되겠다는 확고한 결심과 목표가 있어야 실행할 수 있다. 지칠 때 자신을 위한 동기부여가 되기 때문이다.
- 대학에서 박사학위를 따는 과정에서 기본적으로 읽어야 하는 책이 최소 100권, 박사는 그 분야의 최고 전문가라 할 수 있다.
- 특정 분야에서 성공한 사람들이 쓴 책에는 보통 30년의 노하우가 담겨 있다.
- 마음의 고통을 잊고 힘을 얻기 위한 독서에서 인생을 바꾸기 위한 독서를 하게 되었다.
- 독서로 2~3년 동안 자기 계발서만 2천여 권 읽었는데 사고방식이 완전히 바뀌는 경험을 했다. 그전에는 아무

리 책을 많이 읽었어도 마음에 2%는 '내가 무슨 꿈을 이룰 수 있을까?' 하는 의심이 있었는데 독서 혁명을 거친 후엔 확고한 믿음이 생겼다.
- ✦ 독서는 꿈을 현실로 만들어 주는 강력한 수단이고 제대로 된 독서를 하는 사람은 누구나 다른 사람의 인생이 아닌 자신만의 꿈을 살 수 있다.
- ✦ 독서, 인생을 바꿀 수 있는 무기이다.

독서를 통해 내 것으로 만들고 실천할 때 내 것이 된다.

## 독서, 보물지도.

여러분도 독서를 통해 지식을 쌓고 풍성한 삶을 살 수 있는 보물 지도를 손에 얻었으면 좋겠다. 지도를 손에 넣었다고 해서 보물이 생기는 것은 아니다. 그 지도를 따라 보물이 있는 곳을 찾아 발굴해야 하는 나의 결단과 행동이 있어야 한다.

어디에 보물이 있는지 사람들도 정보로는 안다. 그렇지만, 정보만으로는 보물이 자기 것이 될 수 없다. 지도를 들고 직접 가봐야 한다.

내 생각대로 추측으로 가는 게 아니고 지도를 보고 가야 한다. 경험도 없이 내 느낌대로 가면 큰 낭패를 당하기 때문이다.

어떤 이는 그 여정이 힘들고 반드시 보물을 찾는다는 보장이 없다며 시도하기를 주저한다. 그렇게 시간만 지나고 어느덧 인생의 황혼기가 되어 후회한다. 시도도 하지 않은 자신을 탓하면서 말이다.

지금도 늦었다며 또 주저하는 분이 있다. 늦을 때란 없다. 지금 깨달았다면 지금이 내가 변화하는 시점이다. 언제나 시도도 하지 않았던 우리, 앞으로는 어제와 똑같은 삶의 방식을 되풀이하지 말자.

나는 독서를 좋아하고 즐겼다.

취미로서의 독서에서 지식을 얻고 삶의 변화를 꾀하는 독서로, 그리고 이제는 성장하고 꿈을 이루기 위한 실천하는 독서로 바뀌어 가고 있다. 실천하는 독서, 그래서 책에서 본 좋은 점을 행동하며 따라 하기로 했다.

여러분도 나와 같이 조금이라도 더 성장하고 풍성한 삶을 살았으면 좋겠다는 마음으로 이 글을 적는다.

## 최종 종착지

—

보물을 발견하는 것만이 삶의 목적이 되어 오늘을 즐기

지 못한다면 그 또한 인생을 누리지 못하는 어리석은 행동이라고 생각한다. 보물을 찾는 그 여정을 즐기자.

가족과 함께 일상의 소소한 행복을 누리고, 파란 하늘과 초록 나무들의 아름다운 자연도 감상하고, 이웃들의 아픔도 돌아보는 오늘을 살면서 말이다.

세상에서 가장 지혜로웠고 가장 부유했던 왕 솔로몬은 모든 권력과 명예와 지식을 가졌던 인물이다. 그가 모든 것을 다 누려보니 부도 명예도 지식도 다 헛되다는 것을 깨달았다.

그리고 인생 노년에 이렇게 고백했다.

'사람이 사는 동안 먹고, 마시고 자기 일에서 보람을 느끼는 것이 행복이요 이것이 바로 하나님의 선물이다'라고.

## 관심의 표현
## ✱ 당신은 괜찮나요? (질문하기)

책을 쓰고 출판사와 구두로 계약하기로 하고 나서 너무 기쁘고 흥분되어 내가 아는 지인들에게 카톡을 보냈다. 나 출판하게 되었다고.

모두가 "대단하다" "나중에 꼭 사서 읽어볼게"라는 말로 축하해 주었지만, 뭔가 허전했다. 그것이 내가 진짜로 듣고 싶었던 말이 아니기 때문이었다.

내가 듣고 싶었던 말은 뭘까?

"와 진짜? 어떻게 그렇게 글을 쓸 생각을 했어?"

"어떻게 책을 낼 수 있게 된 거야?"

사실 나는 이런 말을 듣고 싶었다.

정신건강복지센터에서는 매년 자살 예방 교육을 한다. 자살 예방 교육의 핵심은 알아차림과 질문하기였다.

자살 생각을 하는 이들의 행동을 보고 그들의 언어를 들으면서 자살위험 신호를 감지하는 알아차림과 그리고 자살사고를 알게 되었다면 혼자 걱정하고 고민하는 것이 아니라 반드시 질문해야 한다는 것이다.

"요즘 표정도 어둡고 이렇게 살아서 무엇하냐며 허무하다는 말을 자주 하시던데 혹시 자살을 생각하고 계신 건가요?"라고 말이다.

그때의 질문은 모호하면 안 된다. 반드시 자살을 생각하고 있는지 직접적으로 물어야 한다. 그렇게 질문하면 그 사람은 자신의 이야기를 나눌 수 있다.

'너무 힘들어서 죽고 싶다고'

'되는 게 없어 살고 싶지 않다고'

그렇게 누군가에게 내가 죽고 싶은 이야기를 나누다 보면 살아야 할 이유를 발견하기도 하고 문제해결의 실마리를 찾기도 하고 또는 이야기하는 자체로 환기가 되어 다시금 살아보기로, 다시 용기 내보기로 할 수 있다.

자살을 시도한 사람들이 하는 말 중 자살을 시도하기까지 아무도 자신에게 질문해 주지 않았다고 한다.

누군가 물어봐 주지 않는데 사람들에게 나 죽고 싶다고 대뜸 이야기하기는 어렵다.

그렇게 그들은 정말 죽고 싶으면서도 또한 살고 싶어 했고 누군가 자신에게 질문해 주기를 원했다.

우리도 때때로 누군가가 나에게 질문해 주기를, 나에게 관심 보여주기를 원한다.

그러나 내가 외롭고 대화를 하고 싶을 때 기다렸다는 듯이 나에게 질문하거나 관심을 주지 못할 때가 더 많다.

내 마음이 그렇기에 내가 그렇게 질문받고 싶은 것처럼 다른 사람들에게도 질문해 보자.

대신 진심 어린 질문 이어야 한다.

혹 나만 질문하고 여전히 아무도 나에게 질문해 주지 않으면 이제는 섭섭해하지 말고 내가 스스로 질문해 보자.

혼잣말로 질문하고 허공에 맴도는 대답 대신 이왕이면 노트에 질문과 답을 써보자.

왜냐하면 질문이 너무 성의가 있고 대답하는 나 또한 진짜 말하고 싶은 이야기를 풀어놓을 수 있기에.

나도 몰랐던 내 생각들을 글로 써서 마주하게 된다면 또 다른 위로와 용기를 나에게 줄 수 있다.

"요즘 무슨 생각을 하고 사시나요?"
"힘든 일은 없나요?"
"혹시 아무에게도 말하지 못하는 걱정이 있으실까요?"
"일은 어떻게 진행되고 있어요?"
"당신은 괜찮나요?"
"어떻게 그런 멋있는 생각을 할 수 있었어요?"

"당신은 어떤 꿈을 꿈꾸고 있나요?"

오늘 여러분에게 이렇게 질문해 보고 싶다.
이 질문에 대해 여러분이 나에게 답해주기를.

*Chapter 2*

## 모든 위대한 일도 작은 훈련에서 시작한다

훈련

# 나를 성장시키는
## ＊ 매일 글쓰기

### 100년 만에 나올 천재 선수

얼마 전 파리올림픽이 막을 내렸다.

이번 올림픽 기간에 TV로 우리 선수들의 멋진 경기를 시청하진 못했다. 올림픽이나 월드컵 기간에는 대한민국 선수들의 경기를 꼭 챙겨 볼 정도로 좋아했지만, 이번에는 시간이 나지 않고 한번 보면 계속 보게 될 것 같아 자제했다.

대한민국이 세계 순위 7위로 역대 최고의 올림픽 성적을 거뒀다고는 매체를 통해 들었던 터라 '이제는 스포츠도 강국이구나' 하고 자랑스럽게만 생각했다.

그러다 일과를 마치고 잠깐 소파에 누워 쉬면서 스마트폰을 열어보니 올림픽 배드민턴 금메달 영상이 뜨길래, 짧은 영상이라 우연히 클릭해서 보게 되었다.

경기를 보고 있는데 점점 빠져들었다.

'배드민턴 경기가 이렇게 박진감 넘치고 긴장감 있었나?'

처음 알게 된 안세영 선수는 코트를 누볐다.

절묘한 대각 스매싱, 클리어, 헤어 스핀, 앞, 뒤, 좌, 우 상대를 계속 움직이게 하는 지능적인 플레이며 상대가 내리꽂는 강력한 스매싱을 완벽하게 다 받아내는 거다. 앞으로 완전히 엎드려 넘어지면서 공을 받아내고, 다시 재빨리 일어나 다음 공을 받는다.

긴 랠리 끝에 얻어낸 1점, 상대를 질리게 만드는 끈질긴 수비력, 결국에는 상대 선수가 지쳐 세계 최정상의 선수들인데도 코드에 드러누웠다. 안세영 선수도 똑같이 힘들었겠지만, 전혀 티가 나지 않는다.

힘든 내색 없이 끝까지, 단 1점도 허투루 내주지 않았다. 많은 차이로 득점을 내는 상황에서도 한 점도 그냥 내주는 법 없이 모든 순간을 최선을 다하는 모습이 너무 감동적이었다.

'와! 이런 멋진 선수가 있었구나.'

나도 모르게 4강, 8강 경기를 찾아보게 되고 급기야는 1년 전, 수년 전의 17세의 안세영 선수의 경기까지 하나하나 찾아보게 되었다.

안세영 선수는 초등학교 2학년 때 공부로는 1등 할 수 없지만, 배드민턴으로는 세계 1등을 할 수 있다는 선생님의 설득에 배드민턴을 본격적으로 하게 되었다고 한다.

중3, 모든 성인 선수를 전승으로 이기고 첫 국가대표가 되었고, 100년 만에 나올 천재 선수라고 극찬도 받았다.

첫 국가대표로 출전한 경기에서 그 당시 세계 랭킹 일인자 중국의 천위페이 선수를 만나게 되는데 힘도 써보지 못하고 완패했다고 한다. 그 이후에도 여러 차례, 천위페이와 경기했으나 그때마다 패해 자신의 힘으로는 도저히 천위페이 선수를 이길 수 없다고 생각했단다.

그래서 결정하게 된다. '하루도 쉬지 않고 훈련하리라'고

옆에서 코치진이 하루도 쉬지 않는 게 오히려 능률적이지 않다고 휴식도 가지도록 권유했으나 누가 뭐라고 해도 목표를 세워 자신의 꿈을 위해 매일 훈련하였다고 한다. 그리고 그렇게 하길 3년, 2022년 항저우 아시안게임 결승전에서 천적 천위페이 선수를 다시 만나게 된다.

3년 동안 하루도 쉬지 않고 피나는 훈련의 결과, 그 경기에서 천위페이 선수의 모든 공들이 다 보였다고 한다. 그 결과로 천위페이 선수를 상대로 한 첫 승리와 함께 아시안게임 금메달을 목에 걸게 된다.

## 단순한 반복, 체력 훈련의 힘.

내가 초등학교 4학년 때로 기억한다.

반에서 키가 제일 크다는 이유로 체육 선생님이 날 부르셨다.

"수경이는 키도 크니까 배드민턴부에 한 번 들어와 보지 않을래? 하면 잘할 수 있을 것 같은데."

지나가다 본 배드민턴부, 학교 강당에서 배드민턴부가 연습하는 걸 몇 번 봤는데 보기에 멋있어 보여 아무 생각 없이 따라갔다. 배드민턴부로.

그렇게 나처럼 아무 생각 없이 따라온 2명이 더 있었다.

신입으로 우리는 배드민턴부에서 함께 훈련했는데 뜀뛰기, 윗몸일으키기, 지그재그 뛰기, PT 체조, 이쪽 끝에서 저쪽 끝까지 빨리 뛰어갔다 오기 등 이 행동만 수십 번 한 거 같다. 운동이라고는 안 해본 내가, 그날 너무 무리했는지 그 하루 훈련하고 심하게 이틀 동안 아팠다. 그 후로 나는 배드민턴부에 가지 않았고, 함께 갔던 친구 중 한 명만 졸업할 때까지 배드민턴부에 남아있었던 걸로 안다.

그때 들었던 생각은 배드민턴부에 가면 셔틀콕 잡는 법, 라켓 잡는 법, 서브 넣는 법 등 '이런 기술들을 가르쳐 주겠지!'하고 생각했는데, 그건 하지 않고 재미없는 체력 훈련만 시키는 거다.

"왜 배드민턴은 안 가르쳐 주고 이런 힘든 것만 시킬까?" 의아했다.

올림픽 기간만 되면 방영하는 선수들의 훈련 영상.

올림픽 메달을 딴 영광의 얼굴들이 나오면서 훈련한 영상이 나오는데 하나같이 다 뛴다.

양궁선수도, 축구선수도, 레슬링 선수도 자기 주 종목 연습은 안 하고 늘 달리거나 계단을 뛰어 올라가거나 그 단순한 체력 훈련을 주로 하는 거다. 나는 그게 의아했다. 자신의 종목에 관한 기술만 익히면 될 것 같은데 주로 달리기, 계단 오르기 등 그 단순한 기초 체력 훈련으로 상당한 시간을 할애하니 말이다.

안세영 선수도 평소 모래사장에서 허리에 무거운 벨트를 매고 셔틀콕을 받아내는 연습을 했다. 그렇게 훈련해야 일반 코트에서 뛸 때 상대적으로 몸이 가벼워 최고의 기량을 펼칠 수 있기에. 그리고 매일 새벽 5시 30분에 기상해서 체력 훈련을 한다고 한다. 그 체력 훈련이 너무 힘들어 눈물인지 땀인지 모르게 얼굴 범벅이 되어 훈련한다는 인터뷰 영상도 봤다.

그러고 보면 이미 세계 랭킹의 선수들은 모두 최고의 기량과 기술을 가지고 있다. 알고 보면 끝까지 승패를 결정짓는 요인은 바로 체력이었다. 처음에는 실력이 다 뛰어나고 비슷해 보여도 결국 체력에서 나가떨어졌다.

강인한 체력 싸움에서 뒤지지 않는 사람이 끝까지 기술로 승부를 걸 수 있다는 것을 깨닫게 되었다.

## 오늘 내가 해야 할 분량을 감당하기

지금 안세영 선수는 배드민턴 세계 랭킹 1위로 글랜드슬램을 달성한 유일한 한국인이며 세계에서도 안세영의 제패는 당분간 지속될 거라고 한다.

감동이었다. 역시 세계 1위 선수는 아무나 될 수 없었다. 재능도 물론 있어야 하겠지만, 세계 최고의 선수들은 다들 노력하는 천재들이었다. 어떻게 17살 어린 학생이 자신의 꿈을 위해 놀고 싶은 유혹을 뿌리치고 자신과의 싸움에 이기면서 매일의 지루하고 힘든 훈련을 감당할 수 있었을까?

나보다 한참 어린 선수지만 정말 배우고 싶다.

그걸 보면서 나도 따라 하기로 했다. 매일의 훈련.

안세영 선수처럼 몇 시간 땀인지 눈물인지 모를 정도의 극도의 훈련과는 감히 비길 바는 아니지만, 지금 내가 매일 해야 하는 일, 그것을 미루지 않기로 말이다.

지금 내가 매일 해야 하는 일 중의 하나가 글쓰기이다.

8월부터 책 쓰기 코칭 프로그램에 참여하고 있다. 이 프로그램은 12주 과정으로 책 〈이젠 시작해도 괜찮아〉의 정회일 작가와 최근 〈감정 일기의 힘〉을 쓰신 정윤주 작가의 책 쓰기 코칭 프로그램이다.

정윤주 작가는 주영훈 MC가 진행하는 프로그램인 〈새롭게 하소서〉에 나오고 책을 3권 집필한 정말 예쁘시고 여성스러운 작가이다. 우연히 알게 된 책 쓰기 코칭! 처음에는 망설였으나 〈새롭게 하소서〉에서 정윤주 작가의 인터뷰 영상을 보고 신뢰가 갔다.

정회일 작가는 앞에서 소개했듯이 여러 교육 플랫폼을 진행하고 여러 권의 책도 집필했으니, 이 멋진 두 분이 코칭을 해준다면 뭐라도 내가 배울 수 있고 '어쩌면 나도 진짜 책을 낼 수 있지 않을까?' 하는 그런 기대하는 마음이 생겨 등록하게 되었다.

참고로 나는 글을 써본 적이 없다. 대다수 사람이 그러리라 생각한다. 나는 글보다 말이 편한 사람이고 일기나, 편지도 거의 써본 적이 없는 글맹이다. 이런 글맹을 탈출하고 싶은 마음과 앞으로는 글쓰기의 중요성이 대두되는 것 같아 도전하게 되었다.

책 쓰기 코칭에서는 매일의 과제가 있다. 그건 A4용지 한 장의 분량의 글을 매일 올리는 거다. 나도 잘 몰랐지만, A4용지 한 장의 글은 200매 원고지로 대략 10장 정도의 분량에 해당한다고 한다.

어느 분야의 배경지식이나 글에 능숙한 사람이 아니라면, 처음에 매일 한 장을 쓰기도 쉽지는 않다.

## 오늘만! 오늘 한 장만 쓰기!

나도 어떻게 써야 할지 막막하고 무엇을 써야 할지 도저히 가닥이 잡히지 않았다.

'오늘은 또 무슨 내용의 글을 쓰지? 아, 아직 10번밖에 안 올렸네! 매일 어떻게 쓰지?'

생각만 하고 고민만 하다 며칠 올리지 못할 때도 있었다. 글감이 생각나지 않아서 패스, 바빠서 패스, 막막해서 패스, 피곤해서 패스, 오늘은 도저히 쓸 기분이 아니어서 패스.

쓰지 않아야 할 이유와 쓰지 못할 상황이 매일 생기지만, 안세영 선수도 그러지 않았을까? 힘들고, 지치고, 외롭고, 집으로 가고 싶고, 포기하고 싶고, 그런 생각들을 하나씩 쳐내면서 훈련하지 않았을까?

'그 어린 선수가 해냈는데, 나는 편한 방에서 그 A4용지 한 장을 못 채우다니.'

다시 마음을 다잡고 잘 쓰던, 못 쓰던 매일 글을 올려보기로 했다.

아무리 그렇게 결심해도 다음 날 글을 쓰려고 앉으면 다시 막막해져, 요 며칠 안세영 선수를 떠올리면서 그냥 썼다. 그 지루한 매일의 반복 훈련이 지금의 안세영 선수를 만들었듯이, 나도 지금은 글이 매우 미숙하지만, 이렇게 꾸준히 쓰다 보면 정말 책을 낼 수 있는 작가가 되지 않겠냐고. 다독이면서.

그리고 '그 많은 분량을 언제 다 쓸까?'라는 생각 대신 매일 오늘 하루 한 장만 쓰는 것에 초점을 맞추기로 했다.

'오늘만, 오늘 한 장만 쓰는 거야.'

안세영 선수의 하루도 빠지지 않고 했던 기초 체력 훈련과 그 훈련을 기반으로 한 탁월한 실력을 볼 때에 그 모습 자체가 감동이다. 내가 받은 이 감동을 내 삶에도 적용할 수 있기를 진심으로 바란다.

오늘 여러분에게도 자신의 꿈과 성장을 위해 매일 감당해야 하는 훈련과 같은 것이 있을까? 자신의 꿈을 위해 성실히, 오늘 해야 할 일을 미루지 않고 해내고 계시는 여러분이 계신다면 정말 잘하고 있다고 격려해 드리고 싶다.

그리고 기억하자! 모든 위대한 선수, 성과를 낸 사람들은 오늘 해야 할 그 일을 미루지 않고 묵묵히 감당함으로 자신의 아름다운 꿈을 이루었다는 사실을.

매일 A4 한 장씩 글쓰기, 지금 나에게는 그것이 매일 해야 하는 기초 체력 훈련이며, 오늘 채워야 할 분량이다. 나의 꿈과 성장을 위해.

## 삶을 바꾸는 기적의 재료
## ＊ 감사

### 감사는 나를 살리는 기적의 재료

 감사 일기 쓰기, 아는 분들은 많겠지만 쓰는 분들은 얼마나 될까?

 내가 감사에 눈을 뜨게 된 건 여러 책을 통해서였는데 먼저는 〈지선아 사랑해〉라는 책을 통해서다.

 얼마 전 이지선 교수가 유키즈에 나오신 걸 짧은 영상으로 보게 되었다. 이지선 교수가 쓴 마지막 책에서는 공부하러 유학을 떠나 생활하는 걸 읽었는데 지금은 공부를 다 마치고 모교인 이화여자대학교 사회학 교수로 부임했다고 한다. 인터뷰를 진행하는데 얼굴은 화상을 입어 예전의 얼굴로 완전히 회복하지 못하셨지만 목소리, 말씀하시는 태도 그리고 마인드가 너무 아름다웠다.

이지선 교수는 이화여자대학교 4학년 재학 중 도서관에서 공부를 마치고 오빠와 함께 집으로 돌아가는 길에 음주운전 차량에 사고가 나게 되고 차량에서 생긴 화재로 전신 3도 화상을 55% 입게 되어 생사가 오가게 되었다.

화상의 고통이 어마어마한데 지옥과 같은 수술과 치료, 그 고통을 어떻게 말로 표현할 수 있을까? 책에 나온 사고 전 사진은 얼마나 예쁜지, 그렇게 예쁘고 똑똑한 20대의 여대생이 하루아침에 그런 화상을 입고 정말 감당하기 힘든 일이다. 그런 지옥 같은 고통 속에서도 어머니가 감사할 거리를 찾아보자 하셨단다.

그렇게 살기 위해서 선택한 감사, 놀라운 건 그런 상황에서도 감사를 찾으니 찾아지더라는 것이었다. 어마어마한 고통 가운데서도 음식을 삼킬 수 있어서 감사, 호흡할 수 있어 감사.

그 감사가 그분을 살렸고 다시 재활하고 공부하여 유학까지 갈 수 있는 길이 열리게 되었다고 한다.

아주 오래전 읽은 내용이라 정확한 기억은 나지 않지만, 그 책 내용 중 어느 부부가 사고로 화상 병동으로 들어왔다고 했다. 부부가 심한 중상이었는데 침대에서 남편이 아내에게 계속 욕하고 불평하고, 저주하는 말을 퍼부었는데 그 이야기를 계속 들은 아내가 며칠 후 세상을 떠났다고 했다.

심한 중상이기도 했겠지만, 그 고통 속에서 저주하고 욕하는 말을 계속 들으니, 소망이 끊겨 생을 빨리 마감하신 것 같았다. 만약 그 고통 가운데에서도 남편이 사랑한다는 말, 이렇게라도 함께 살아 감사한다고 말씀하셨더라면? 그 부분을 읽고 나도 충격을 받았다.

불평과 저주가 사람을 죽일 수 있구나 하고.

불평과 저주는 우리를 불행하게 하지만, 감사는 불행에서도 우리를 다른 곳으로 데려다준다.

희망이라는 ~

없는 것에 초점을 맞추지 않고 지금 내가 이 순간에 있는 것에 집중하게 함으로 절망에 묶이지 않게 한다. 그래서 성경은 범사에 감사하라고 하셨나 보다. 그래야 내가 어떤 상황 가운데에서도 낙심하지 않고 다시 시작해 볼 수 있으니까 말이다.

## 생각 회로 바꾸기

—

미국 좁스 홉킨스 병원 소아정신과 지나영 교수가 쓴 책 〈본질 육아〉에도 감사에 대해 상세하게 기록되어 있다. 인간에게 거의 무의식적으로 솟아나는 사고가 자동적 사고인데 이것은 대체로 부정적이란다.

어떤 일이 생겼을 때 자동적 사고가 시작되면 모든 일이 잘못될 것 같고 뇌에서 이렇게 부정적 사고의 회로가 돌아가기 시작하면 그 회로에서 빠져나오기가 힘든데, 이 회로를 끊어주는 것이 감사라고 했다.

'망했다'에서 '감사하다'로 바꾸는 순간 머릿속 생각 회로가 바뀐단다. 우리가 감사할 때 세로토닌과 도파민이라는 신경전달물질이 증가하는데, 세로토닌은 항우울제를 쓰면 올라가는 신경전달물질로 세로토닌이 올라가면 대체로 기분이 좋아진다. 실제 항우울제 약이 세로토닌을 올려주는 약이다.

도파민은 동기부여를 하는 신경전달물질로 도파민이 나오면 우리 뇌는 보상을 받는다고 느끼므로 그 행동을 또 하고 싶다는 동기부여가 된단다. 이렇게 우리가 감사할 때 우리의 몸이 바뀌고 정신이 바뀐다고.

감사 일기를 3개월간 쓰면서 뇌를 지속적으로 훈련한 사람들의 경우 감사회로가 더 쉽게 활성화된다고.

외국의 유명 인사에게는 개인 코치가 있어 감사하는 법을 가르치고 지도하는 경우도 많다. 그들도 성공을 위해서도 감사를 지속적으로 훈련하고 마인드를 컨트롤 한다고 한다.

책 〈회복탄력성〉의 김주환 교수도 회복탄력성에 감사가 너무나 중요하다고 하셨다. 황성주 생식으로 유명한 황성주 박사는 실제 감사 요법을 함으로 많은 암 환자들이 암이 좋아지거나 치유되는 사례들을 모아 〈감사의 기적〉이라는 책도 출판했다.

## 매일 쓰는 감사 일기

이런 감사에 관한 책을 읽다가 나도 도전이 되어 따라하기로 했다.

매일 감사 일기 쓰기

하루 3~4가지 감사할 거리를 찾아서 적었다. 처음에는 늘 똑같은 일상이어서 특별할 게 없어 무얼 적을까 한참 생각했는데 또 적으니까, 감사의 제목들이 떠올랐다.

남이 보면 정말 특별할 게 없지만 내가 적고 또 그 적은 내용을 며칠 후나 수개월 수 다시 읽어보니 그때의 감정, 사건이 떠올라서 다시 감사의 마음이 생겨나면서 감사가 절로 됐다. 물론 한동안 쓰다가 쉴 때도 많다. 그렇지만 확실히 써보면 감사할 제목이 더 생겨나고 더 행복해진다. 이른 새벽이나 밤늦은 시간 커피를 마시며 오늘의 감사 거리를 찾아 일기를 써보면 정말 행복감이 뭉게뭉게 피어난다. 쓰는 시간은 5분이면 충분하다.

요새 시중에 예쁜 감사 일기 노트가 많다. 너무 큰 것은 부담스럽고 적당한 크기를 구매해서 언제든지 들고 다니면서 편하게 쓸 수 있기를 추천해 드린다. 그래도 제일 좋은 시간은 저녁 고요한 시간대 혼자 있을 때다.

조용히 하루를 돌아보며 감사할 거리를 찾아 기록할 때 분명 더 많은 감사의 제목들로 채워지리라 의심하지 않는다.

## 오늘 감사하기

오늘 아름다운 자연을 볼 수 있어서 감사합니다.
우리 가족들이 무사히 집에 돌아와 함께 할 수 있어서 감사합니다.
어머니가 나물 반찬을 해주셨는데 어머니의 요리로 힐링 되게 해주셔서 감사합니다.
따뜻한 집이 있어서 감사합니다.
매달 월급이 꼬박꼬박 나오는 직장 주셔서 감사합니다.
오늘도 음식을 맘껏 먹을 수 있는 소화력을 주셔서 감사합니다.
튼튼한 두 다리로 마음대로 다닐 수 있어 감사합니다.
남편에게 사랑받게 하심을 감사합니다.
아이들이 건강하게 자라게 하시니 감사합니다.
맛있는 커피를 선물로 받아 감사합니다.
이 모든 것을 누리게 하시니 감사합니다.

# 마음까지 정리하는
## ✻ 신박한 정리

### 정리의 힘

tvN 예능 프로그램중 신박한 정리라는 프로그램이 있었다. 배우 신애라와 이지영 공간 크리에이트가 연예인들의 집을 정리해 주고 공간을 재배치함으로 죽어있던 공간이 살아나 전혀 다른 새로운 집이 되는 진짜 말 그대로 신박한 정리였다.

집을 새로 지은 것도 아니고 가구를 새로 사서 들여놓은 것도 아닌데, 단지 공간만 재배치했음에도 이런 극적인 변화를 경험할 수 있다는 것이 참 신기했다. 너무 신박해서 이지영 대표의 책을 사서 읽어보았다.

제목이 〈당신의 인생을 정리해 드립니다〉였다. 그 책 내용 중 혼자 사는 남자 의뢰인이 있었는데 대기업에 다니시는 분이었다고 한다.

이 남자분은 값나가고 좋은 가구도 버려달라, 정리해달라고 하셔서 대표님은 이상하다는 생각이 들었다고 했다. 3일 동안 집을 정리하면서 이분의 굳어있던 표정이 점차 밝아졌고 마지막 날 일이 마무리될 때쯤 이분이 자신의 이야기를 들려주었다고 한다.

사실 이분은 마음이 힘들어 아파트에서 뛰어내려 자살할 계획이 있었는데 집이 지저분하고 정리가 되어 있지 않은 게 창피하고 걱정이 되었다고 했다. 그래서 집을 치우고 죽어야겠다는 생각이 들어 정리 전문 업체를 알아보고 이렇게 의뢰하게 되었다고 한다.

그러다 3일 동안 정리팀이 열심히 집에 필요 없는 물건들을 버리고, 정리하는 걸 지켜보면서 이분의 마음에도 조금씩 변화가 생기게 되었다고 했다. 막상 집을 치우고 환경이 변하고 나니 마음도 새로워지고 직원들이 열심히 일하는 모습을 옆에서 보면서 다시 무언가 해볼 용기가 생겼다며 자기 심경의 변화를 이야기해서 대표님도 깜짝 놀랐다고 했다.

집을 정리하면서 자신의 인생을 정리하게 되고 새로운 삶으로 변화되더라는 놀라운 내용이었다. 그뿐만 아니라 집 정리를 통해 우울했던 사람들도 다시 마음이 회복되고, 18평에 여섯 식구가 살아 힘들었던 가족들도 정리를 통한

효율적인 공간 배치로 인해 숨 쉴 공간들이 생겨나자 웃음을 되찾은 마법 같은 이야기였다.

## 집만 봐도 알 수 있는 마음 상태

나도 예전 우리 집이 작고 방 한 칸으로 생활할 때 우울했던 기억이 있다.

우리는 집에서 가족과 함께 생활하고 휴식을 취한다.

가족이 함께 머무르는 집이라는 공간이 얼마나 소중한가? 그런데 그 공간이 더럽고 곰팡이로 얼룩져있고 물건들로 발 디딜 틈이 없다면 그 공간에 사는 사람도 우울해지고 그곳을 벗어나 어디론가 가고 싶지 않겠는가?

내가 정신병원을 사직하고 찾은 두 번째 직장이 정신건강복지센터였다. 그곳에서는 정신질환자 상담은 물론 입원 치료를 할 수 있도록 치료를 연계하고 자해나 타해 위험이 있는 분들의 행정 입원도 도왔는데 여러 기관에서 의뢰가 들어왔다. 참고로 나는 지난 가을 〈세상에 이런 일이〉에 출연했다.

이상하고 위험한 행동을 한다는 시민의 제보로 다양한 기관들이 모인 회의 자리에서 제보받은 분의 행동을 보며 정신병원 입원 치료가 시급해 보인다고 멘트하는 모습이 방송을 탔다. 이렇게 정신질환이 의심되면서 자해(자살 시도나 암시하는 멘트)나 타해 위험이 있어 개인의 안전이나 타인의 안전에 위험이 있는 대상자 의뢰가 종종 들어온다. 그 대상자의 가족이나 지인 또는 행정복지센터, 경찰, 119, 사회복지 기관 등 여러 기관에서 대상자를 의뢰해 주셨다.

의뢰가 들어오면 약속 일정을 잡고 방문하거나 의뢰한 기관 관계자와 함께 그 집을 방문한다. 대부분 집을 방문하면 집이 엉망이다.

어떤 조현병 환자의 집에는 죽은 고라니를 매달아 놓아 구더기가 기어 나올 때까지 방치하는 곳도 있었고 쌀에 독이 들었다며 먹지 않고 방치해 쌀이 썩어 들어갔다.

알코올 중독 환자 집에는 술병이 여기저기 쌓여있고 밥은 언제 해 먹었는지 그릇에 음식이 다 말라 있고 사람은 인사불성 되어 잘 알아보지도 못했다.

유명한 브랜드의 아파트에 사는 질환자도 예외는 아니다. 그 좋은 집에 쓰레기 더미가 한가득하다. 자신을 욕하고 감시하는 사람이 있어 밖에 나갈 수가 없다며 쓰레기를 제때 버리지 못했기 때문이었다.

어떤 할머니는 휴지를 풀어 온 방에 늘어놓았고 사계절 옷가지며 녹슨 칼을 주워 수십 개가 방 안에 있었다. 고물이라는 고물은 다 주워 모아다가 자기 방은 물론이고 거실이나 마당에 발 디딜 틈도 없이 물건을 한가득 쌓아두는 일도 있고, 방안에 쓰레기를 그대로 버리지 않아 쓰레기로 방을 메우고 썩은 냄새가 진동하는 곳도 여러 곳 보았다. 그냥 단순히 청소를 하지 않은 정도가 아니라 쓰레기와 함께 살고 있었다. 그곳은 집이 아니었고 어떤 경우에는 사람 사는 곳이 아닌 짐승이 사는 곳 같았다. 집만 보더라고 그분들의 정신 상태를 어느 정도 짐작할 수 있다.

그런 곳에 다녀오면 나도 한 번씩 내 주변을 돌아보게 된다. 쓰레기 더미는 없지만 집이 깨끗하지 않고 지저분해 '나도 그분들이랑 다를 바가 없네', '내 마음도 어수선한가 보네, 안 되겠다. 오늘은 청소하고 정리해야겠어' 이렇게 해야 한 번씩 대대적으로 치우거나 집에 손님이 올 때 한 번씩 대청소했다. 평소에는 바닥만 겨우 청소기로 대충 밀고 설거지만 하는 정도. 나는 일하는 사람이니까 바빠서 어쩔 수 없다며 괜한 핑계를 대며 청소, 정리하는 걸 즐기지 않았다.

### 부러운 정리의 달인들

—

아름다운 외모에, 깔끔하고 넓은 주방, 꽃이 놓여 있는 식탁에는 맛있는 음식과 예쁘고 포근한 인테리어까지. TV 속, 카메라의 비친 연예인의 집을 보면 너무 부러웠다.

우리 집과 너무 비교가 되어서 말이다. 그리고 그런 분들은 모든 삶이 질서정연해 보였다. 남편에게는 현숙한 아내이고 아이들도 사랑으로 양육하며 행복해 보였다. 대표적인 분들이 탤런트 정혜영, 이정현 그리고 유튜버 지남쌤이다.

나는 정리를 잘 못한다. 정리를 하려고 하면 어디에서부터 손을 대야 할지 막막해진다. 하기 전부터 스트레스를 받는다. 청소 시간도 오래 걸리고 금방 지친다. 정리 정돈, 청소를 하면서도 재미가 없고 청소하는 시간이 아까웠다. 차라리 밖에 나가 일하는 게, 집안일보다 더 쉽고 좋다.

돈은 내가 벌고 누가 청소며 음식이며 집안일 좀 해주면 좋겠다. 그만큼 집안일에 서툴렀다. 재미있게 소꿉놀이하듯이 집안일을 하는 분들을 보면 너무 부럽다. 살림의 여왕, 살림의 고수들을 진심으로 존경한다. 요즈음은 정리만 잘해도 그 노하우로 돈을 버는 시대다. 좋은 사업 아이템도 되고 말이다. 그렇지만 나는 도통 거기에 관심이 생기지 않는다.

나도 깨끗한 공간을 좋아하고 좋은 인테리어 공간에 있으면 기분이 상쾌하고 좋았지만 누가 청소해 주는 그 공간에 있고 싶지, 내가 청소하고 정리하려면 힘이 들었다. 손님들 오는 것은 환영이지만 청소하려면 막막해진다.

그러다 어쩔 수 없이 대청소하는데, 할 때는 힘들었지만, 하고 나면 내가 기분이 더 좋아지는 반전은 있었다.

깨끗한 우리 집을 보면 에너지가 생긴다. 아이들도 좋아한다. 집이 깨끗해졌다고…. 나도 깨끗한 우리 집에 들어서면 기분이 좋아진다. "아! 깨끗하다!" 안도의 탄식 같은 말이 그냥 나온다. 그랬다가도 또다시 어지러워져 청소하려면 스트레스를 받는다.

## 정리는 자신의 마음을 정돈하는 일

그러다 청소에 대한 나의 시각을 바꿔주는 책을 읽게 되었다. 〈모든 것은 기본에서 시작한다〉이다. 제목이 끌려 구매해서 읽게 되었다.

이 책은 월드 스타 손흥민 선수의 아버지인 손정웅 감독이 쓴 책이다. 책을 읽으면서 역시 세계적인 스타는 혼자만의 힘으로 되지 않는다고 느꼈다. 손흥민 선수 자신의 재능과 노력은 물론이고 아버지의 축구에 대한 사랑과 열정, 그리고 아들에 대한 희생과 사랑의 서포트가 없었다면 그 자리에 올라갈 수 있었을까?

손감독의 축구 사랑과 책을 통해 끊임없이 배우고 성찰하고 마음을 다스리는, 그리고 심플한 삶의 패턴이 너무 존경스러웠다.

그 책 내용이 다 좋았지만, 특히 나에게 새로운 깨달음이 준 본문은 청소, 정리에 대한 것이었다.

손웅정 감독은 새벽 4시 30분에 일어나서 창문을 열어 환기하고 간단한 청소부터 한다고 했다. 책에 있는 아래의 문구가 특히 마음에 와닿았다.

> 세 식구가 아침을 먹고 홍민이는 운동하러 떠나고
> 나는 그때부터 청소기로 집 안 모든 곳을 청소한다.
> 청소 시간은 두 시간 이상을 할애하는데 청소하는
> 시간은 나에게 사색의 시간이다.
> 생각을 정리하고 아이디어를 떠올리고 지난 일들을
> 돌아본다.
> 마치 산책과도 같고 때론 참선과도 같다.
> 반복되는 동작 속에서 물결치던 마음은 고요히
> 정돈되고 어디에 숨어 있었는지 몰랐던 질문의
> 해답들이 우물처럼 차오른다.
> 나는 그 시간을 무척 좋아한다.
> - 모든 것은 기본에서 시작한다.

이렇게 책을 통해서 정리와 청소에 대한 내 생각이 긍정적으로 바뀌었다. 마음을 정돈하고 환경을 정리하는 일이 나와 가족을 기분 좋게 하는 일이며, 정리를 통해 누리는 기쁨과 안정이 크다는 것을 말이다. 그래서 지금은 정리가 시간 낭비라고 생각하지 않는다. 매일 해야 하는 루틴 같은 일, 오히려 시간을 절약해 주고 삶도 제자리를 찾게 해주는 그런 일이라 여겨지게 되었다.

꼭 손감독처럼 두 시간을 할애할 필요는 없다. 10~20분이라도 매일 조금씩, 지치지 않게, 기분 좋게 할 수 있으면 좋겠다.

이지영 대표의 정리에 관한 책을 읽으면서 공간 정리와 함께 우리 마음에도 정리가 필요하다는 것이 깨달아져 이렇게 함께 적용해 보았다.

## 공간과 마음이 함께하는 정리 노하우

### 1. 비우기

공간을 정리하려고 할 때 먼저 할 일은 비우기라고 한다.

불필요한 물건들을 비워내야 공간을 확보할 수 있는데 의외로 사람들이 잘 버리지를 못한다고 한다. 집 안에 있는 모든 것은 유기적으로 연결되어 있어 어느 한 곳만 정리하고 비우면 나머지 공간이 다시 복잡해진다. 그래서 이지영 대표는 모든 짐을 밖으로 꺼낸 후에 그 공간에서 만들 수 있는 최상의 모습을 눈으로 확인시켜 준다고 했다. 여기서

포인트는 종류별로 한곳에 모두 모으는 것이다. 그러면 사람들이 다 놀란다. '우리 집에 이렇게 책이(옷이) 많았었나?' 하고 말이다. 눈으로 확인이 되니 비울 수 있다고 한다.

우리의 삶도 들여다보아야 한다. 늘 회피만 하지 말고 내 마음의 욕구나 힘든 감정을 끄집어내어 직시해야 한다. 그리고 묵은 감정, 해로운 감정은 비워야 한다. 비워야 좋은 생각들로 채울 수 있다. 그런데 사람들이 이 감정을 버리지 못한다. 자기한테 독이 되는 미워하는 감정, 불안한 감정을 말이다. 자신이 어떤 감정을 쌓아두고 있는지 눈으로 확인할 수 없어 그럴 것이다.

정윤주 작가의 책 〈감정 일기의 힘〉에서는 자신의 감정을 들여다볼 수 있는 쓰기를 강조한다. 생각과 감정을 글로 쓰면 눈에 보이지 않아서 머릿속에서 허상처럼 여겼던 생각과 감정을 눈에 보이는 현실의 공간으로 이동시켜 감정을 실체화할 수 있다고 했다. 이렇게 되면 감정과 나를 분리해서 객관적으로 자신을 바라볼 수 있고 감정에 끌려다니지 않게 된다고 했다.

우리도 쓰기를 통해 자신의 감정을 마주하고 그 감정과 나를 분리해 비워보자.

### 2. 재배치

문을 열었을 때 제일 먼저 보이는 곳에는 높이가 낮고

밝은색의 가구를 배치하면 좋다.

좁은 공간도 훨씬 넓어 보인다.

책은 책끼리 모은다. 일관성 있게. 그리고 집의 컬러도 통일감 있게 배치하면 더 넓어 보인다.

동선을 고려한 배치는 시간을 절약해 주고 삶의 질도 올라간다. 그 집에 대한, 또는 방의 용도에 따른 나름의 계획이 있어야 한다. 계획이 있어야 제대로 배치할 수 있고 어떤 가구를 넣어야 할지 구상할 수 있다.

우리의 삶에는 어떤 재배치가 필요할까?

우리의 삶도 계획과 목표가 없으면 시간을 낭비하게 되고 되는대로 살아가게 되니 계획을 세워보자.

시간을 내어 다시 내 삶을 점검하고 중요한 삶의 순위부터 재배치해 보자.

### 3. 환기

방에 창문이 꽉 닫혀있고 환기가 잘되지 않으면 답답하다. 한 번씩 창문을 열어 환기를 시키면 상쾌한 공기가 유입되면서 기분이 좋아진다.

청소에서도 환기는 필수다. 산소가 공급되어 생각을 맑게 해주고 호흡에 도움을 주기 때문이다.

우리의 마음도 그렇다. 바쁜 스케줄로, 걱정으로 꽉 차고 지친 내 마음에도 환기가 필요하다.

**4. 정리는 매일 조금씩, 한번은 한 곳을 집중적으로.**

물건이 쌓이면 정리가 되지 않는다. 시간이 지날수록 치울 엄두가 나지 않고 큰 스트레스로 다가온다. 그러니 평소 매일 조금씩 정리해 보자. 그리고 일주일에 한 번은 한 곳을 집중적으로 정리해 보자.

매일 조금씩 해나가는 것도 좋지만 그런 과정에서는 변화가 한눈에 보이지 않기 때문에 귀찮기만 하고 별로 달라지는 것도 없어 금방 지칠 수 있기 때문이라고 이지영 대표는 조언한다.

어느 한 공간이 드라마틱하게 변한 것을 맛본 사람은 다시 정리를 하고 싶어진다고 했다. 그리고 그렇게 한번 정리를 해보면 다른 공간도 수월하게 정리할 수 있다.

그런 긍정적인 경험을 쌓아보자.

빚을 갚을 때도 큰 금액부터 조금씩 갚아나가면 '이걸 언제 다 갚을 수 있나?' 금액이 많으니, 표도 나지 않고 재미도 없어 금방 지친다.

그럴 때는 이자가 높고 작은 빚부터 갚아나가기 시작하면 눈으로 빚을 갚아나가는 것을 볼 수 있어 재미가 생기면서 큰 빚까지 더 빨리 갚아진다. 성취의 기쁨을 느낄 수 있기 때문이다. 그러고 보면 무엇이든 지치지 않게 눈으로 보면서 성취의 재미를 느끼는 것이 중요한 것 같다.

## 5. 채우기

공간에 아무것도 없으면 넓어 보일 것 같지만 그렇지 않다. 공간을 적절하게 채울 때 그 공간이 오히려 살아나고 더 풍성해 보인다. 커튼만 달아도 더 넓어 보이면서 아늑해 보인다.

우리 인생도 마찬가지다. 텅 빈 공간은 황량함만 준다. 비웠으면 채워야 한다. 1인 가구가 늘고 있다. 혼자라 편할지 모르지만, 행복한지는 의문이다.

때때로 가족으로 힘들 때도 있지만, 역시 가장 행복할 때도 가족과 함께 있을 때다. 꼭 가족이 아니어도 사회적 공동체에서 함께 사랑하고 배려하고 서로 위로해 주고 즐거워할 때 우리 인생도 풍성하게 채워진다. 그러려면 먼저 자신부터 사랑해 주고 인정해 주고 용납해 주는 것에서부터 시작하면 좋겠다.

여러분은 무엇을 비우고 무엇을 채우고 싶은가?

마음까지 정리하는 신박한 정리. 오늘부터 시작해 보면 어떨까?

# 세계 최고의 베스트셀러
## ✳ 성경 읽기

### 성경 읽기, 어렵지 않다.

크리스천은 기도와 말씀, 예배가 신앙의 모토가 된다. 그렇지만 교회에 다니는 성도 중 의외로 성경 1독도 하지 않은 분들이 많다.

교회에서 귀가 따갑도록 그 중요성을 들어 알고 있지만 막상 성경을 매일 읽기란 좀처럼 쉽지 않다. 읽으려고 성경을 펼치면 왜 그리 지겹고 잠이 오는지. 마음을 굳게 잡고 읽으려고 해도 대부분 레위기나 민수기에서 무너진다.

포기했다가 다시 새해가 되면 시작했지만, 여전히 그 구간이 오면 포기한다. 신약성경은 분량이 적어 도전해 볼 만했지만, 마태복음이 항상 문제였다. 누가 누구를 낳고, 누가 누구를 낳고, 낳고만 한 장이다.

하나님에 대해 갈급해 하던 차에 듣게 된 김미진 간사의 유튜브는 나에게 빛이 되었다.

사업을 하다 빚만 100억 가까이, 어떻게 그 빚에서 놓이게 되었는지, 얼마나 철저하게 믿음으로 살아냈는지, 그 이야기를 하는데 말씀이 너무 재미있고 은혜스러워 웃다가, 울다가 시간 가는 줄 모르고 들었다. 재정에 관한 이야기였지만, 듣고 보면 하나님에 대한 믿음의 이야기였다.

어느날처럼 유튜브로 말씀을 듣고 있는데, 우리가 하나님의 음성을 들을 수 있단다.

목사님이나 신령한 사람만 듣는 것이 아니라 성도 누구나 하나님의 음성을 들을 수 있다고 하면서 그 하나님의 음성을 듣고 따라가려고 하면 하나님의 말씀을 매일 읽고 묵상해야 한다고 했다.

성경에 쓰인 로고스의 말씀이 어느 날, 나에게 말씀하시는 레마의 말씀으로 다가온단다.

'하나님의 음성을 누구나 들을 수 있다?' 그러면서 김간사는 매일 하루에 성경 10장씩을 읽는데 하루 20분이면 다 읽을 수 있다고 했다.

'와! 달랑 20분에 성경 말씀 10장씩 읽을 수 있다고?'

그 말씀이 너무 도전되었고 그 정도의 시간 할애는 나도 할 수 있을 것 같았다.

김미진 간사의 스승인 홍성건 목사님의 저서 〈말씀 관

통 100일 통독〉에서 말씀을 하루 10장씩, 100일이면 1독을 할 수 있는 스케줄표도 나와 있어 그대로 따라 하기만 되니 매일 실행할 수 있었다. 그렇게 따지니 1년에 3독은 할 수 있었다.

홍성건 목사님은 자기 나이만큼 성경을 읽으라고 했다. '지금 내 나이가?' 내 나이만큼 읽으려면 갈 길이 멀었다. 20대는 좋겠다. 회독 수가 훨씬 적어 말이다.

그렇게 나는 따라 하기로 했다. 하루 말씀 10장씩 읽기.

잘나가다가도 중간에 며칠 빠지면 다시 또 잘 안 읽게 된다. 그래서 매일 빠지지 않고 하는 것이 중요하다.

운동도, 공부도, 기도도 며칠 빠지면 흐름이 끊겨 회복하려면 또 시간이 걸린다. 그렇게 매일 10장씩 읽었더니 지금은 성경을 열 차례 가까이 읽은 것 같다.

의지는 있더라도 혼자 꾸준히 지속하기란 쉽지 않다.

그럴 때는 여럿이서 함께 시작하는 것도 좋다. 아무리 좋은 것이라도 혼자 하면 이내 포기하기 쉽지만, 함께 하면 참 신기하게 끝까지 갈 수 있다.

> 혼자보다는 둘이 더 낫다.
> 두 사람이 함께 일할 때 더 좋은 결과를 얻을 수 있기 때문이다.
> 그 가운데 하나가 넘어지면 다른 한 사람이 자기의

동무를 일으켜 줄 수 있다.
그러나 혼자 가다가 넘어지면 딱하게도 일으켜 줄 사람이 없다.

- 전도서 4:9~10 (새번역)

하루 말씀 10장 읽기, 여러분도 도전해 보셨으면 한다. 말씀이 내 안에서 길이 되어 줄 것이다.

주의 말씀은 내 발에 등이요 내 길에 빛이니이다.

- 시편 119:105

# 내 안에 있는
## ＊ 꿈과 부의 씨앗 발견하기

**내가 잘하고 좋아하는 것으로 꿈 찾기.**

책 〈부의 원천〉에 나오는 이야기이다.

아프리카 어느 나라의 마을에 사는 십 대 소년의 이야기다. 그의 이름을 토니. 토니의 부모는 겨우 먹고 살 정도로 가난한 농부였다. 토니에게는 일곱 형제자매가 있었고 토니는 맏아들이었다. 아무리 더운 날이나 추운 날이라도 그들은 매일 농장에서 일해야 했다.

어느 날 집에 먹을 것이 없었을 때 토니는 음식을 찾기 위하여 버려진 농장으로 갔다. 그는 그곳에서 플랜테인(바나나 비슷한 열매) 다발을 발견하고 집으로 가져가기 위하여 그것을 거두어 집으로 향했다. 집으로 가는 길에 세 남자아이를 만났는데 그들은 그 플랜테인을 빼앗으려고 위협했다. 그것은 그날의 자신과 동생들의 유일한 음식이었다. 그는 플랜테인을 들고 도망쳤고 그 아이들은 그를 뒤쫓았다. 그는 놀라운 속도로 달려서 다른 아이들을 멀찍감치 따돌렸다. 그때 마을 광장에서 토니가 뒤도 돌아보지 않고 놀라운 속도로 달리는 것을 지켜보는 한 남자가 있었다. 이 남자의 이름을 알렉스. 이 남자는 그 주변에 있는 사람들에게 그가 누구이며 그의 집은 어디인지 물었다.

사람들은 그에게 토니에 대해 알려주었고 알렉스가 그 소년에 대하여 알고 싶어 관심을 보이자, 그곳에 있던 어떤 사람이 그가 사는 동네로 데려가 주었다. 토니의 부모님을 만난 알렉스는 자신을 도시에서 가장 큰 최우수 학교에 소속된 스포츠팀의 코치라고 소개했다. 그는 토니가 달리는 모습을 보고 호감을 느끼게 되었으며 그의 숨겨진 재능을 알아보고 토니를 도시로 데려가길 원한다고 했다. 그는 토니의 부모에게 토니를 팀에 입단시키고 싶다는 뜻을 밝히면서 만약 입단이 허락된다면 그의 인생과 가족 전체의 전환점이 될 것이라고 말했다. 그렇게 입단한 토니, 토니는 그 팀에 소속되어 탁월한 기량을 선보이며 팀에서 큰 활약을 하게 되었고 이후 주 레벨에서 국가 레벨로 그리고 국제 레벨 선수로까지 올라가게 되었다. 그리고 그의 이야기는 역사가 되었다.

그의 가족들은 토니로 인해 모두 도시로 이사할 수 있게 되었고 동생들도 학교에서 공부할 수 있게 되었다.

> 당신은 당신이 찾고 있는 돈이다.
> 밖에서 찾는 것을 그만 멈추고 안을 들여다보라.
> - 부의 5가지 원천

전에는 돈을 자기 안에서 찾지 않고 밖에서 찾았기 때문에 비참한 가난 속에서 살았다. 토니는 자신이 달리기에 탁월한 재능이 있었다는 것을 몰랐다. 그리고 어떻게 그의 재능이 자신의 꿈과 부를 창출할 수 있는 씨앗이 되는지도 깨닫지 못했다.

우리도 밖에서만 돈을 찾지 말고 우리 안을 들여다보자. 내가 무엇을 가지고 있는지 내가 무엇을 잘하고 관심 있는지 말이다. 내가 잘하고 좋아하는 것을 하면 힘들어도 계속할 수 있다. 그리고 그 반복이 익숙함과 탁월함을 가져다준다. 자기 일에 능숙한 사람은 사람들에게 인정받는다.

## 나에게 있는 것 들여다보기

여러분은 무엇에 관심이 있는가? 무엇을 할 때 시간 가는 줄 모르고 기쁘게 그 일을 즐기면서 할 수 있을까?

보통 사람들에게 무엇을 잘하고 좋아하는지 질문하면 금방 대답을 못하고 머뭇거린다.

자신은 잘하는 게 없다고 생각하기 때문이다. 20대의 나도 늘 그게 고민이었다. 아무리 봐도 잘하는 게 없었다.

청년부에 어느 해인가 총무로 임원이 되었다. 총무는 설교 말씀이 끝나고 나면 앞에 나가 청년부 소식과 광고를 전했다.

그때는 워낙 부끄러움이 많아 앞에 나가 이야기하는 게 정말 부담스러웠다. 그럼에도 나는 짧은 교훈적인 이야기나 격려하는 말을 먼저 나누고 광고를 했다.

짧은 이야기로는 "오늘 우리가 살아가는 이 하루는 어제 죽은 이들이 그토록 그리워하던 내일입니다. 여러분도 오늘을 소중히 여기고 감사하는 한 주가 되셨으면 좋겠습니다." 이렇게 이야기하면서 광고를 시작한 것 같다.

당시 청년부 담당 목사님은 기독교 번역가로 최우수상을 받은 경력이 있는 번역가였다. 그 목사님이 내가 광고하는 걸 듣던 어느 날 진지하게 말씀해 주셨다.

"수경 자매는 말을 참 잘해요. 짧은 말에도 서론, 본론 결론이 있어요. 내가 말씀을 전할 때보다 수경 자매가 광고하는 그 이야기에 사람들이 더 집중해요.

서울이나 그런 곳에 가서 스피치를 한번 배워보고 나중에 강사가 되면 좋을 것 같아요." 이렇게 격려해 주셨다.

나는 부끄러워하면서도 이상하게 그렇게 사람들에게 힘이 되는 말을 전하고 싶었고 사람들이 내 말에 집중할 때 뭔지 모를 기쁨과 뿌듯함이 있었다.

그런 격려가 큰 힘이 되었지만, 나의 재능을 계발하지는 못했다. 취업해서 일하기에도 바빴기 때문이다.

그리고 정신 병동에 근무하면서 서울대 의사 두 분이 동일하게 나에게 말을 잘한다고 칭찬해 주셨다. 감성적이고 공감을 잘한다고, 내 이야기를 듣고 있으면 영화 보듯이 장면이 그려진다고도 하고 내가 이야기할 때 시간 가는 줄 모르고 듣게 된다고도 하셨다.

그리고 이후 여러 차례 교육할 기회가 있었는데 그때마다 사람들에게 칭찬을 들었다. 칭찬을 늘 듣는 사람이 아니어서 그런지 그런 칭찬을 들을 때마다 내 마음에 고이 담아 두었다. 칭찬을 들으면 내가 괜찮은 사람이 된 것 같아 괜히 기분이 좋아지고 자존감도 올라가는 것 같았다.

그리고 언제나 내 옆에서 칭찬해 주는 한 남성(남편) 때문에 내가 정말 말을 잘하는 걸로 착각하기도 했다. 그렇지만 여전히 잠깐 기분 좋고 말았지, 내 안에 있는 그것을 어떻게 계발해야 할지는 몰랐다.

내가 가진 재능이 곧 부가될 수 있다는 것을, 그리고 내 안에 있는 것을 찾으라는 이 책이 나에게 도전할 용기를 주었다.

예전 기억을 떠올리며 내가 말과 관련된 일을 잘하고 좋아한다는 것을 새삼 깨달았다. 그래서 나도 더 늦기 전에 나서기로 했다. 나의 꿈을 향해서, 그리고 부를 향해서 말이다.

모험하려고 나서기는 했는데 어떻게 찾아가야 하는지 나도 아직도 잘 모른다. 그래서 이것저것 찾고 도전해 보는 과정에 있다.

## 개미와 베짱이의 교훈

여러분이 무엇을 잘하는지 모르겠으면 관심이 가는 것부터 시도하고 도전해 보라. 아무것도 도전하지 않으면 내가 무엇을 잘하고 좋아하는지 알 수 없다.

독서도 내가 관심 가는 분야부터 먼저 가볍게 읽어보기 시작하듯이 꿈 찾기도 내가 관심 가는 것에서부터 알아보고 도전해 보자. 유튜브, 블로그, 독서, 영어 공부, 사업, 요리, 운동, 패션, 등 그리고 그 일이 돈과 전혀 무관하지 않게 하자. 돈이 전부는 아니지만 세상만사에 돈은 유익하며 꼭 필요하다. 돈만을 좇아가면 시간, 건강, 관계를 잃을 수도 있지만 나의 꿈을 향해 달려 나가면서도 그 꿈이 재정을 창출할 수 있도록 하자. 그러기 위해서는 지혜롭게 저축하고 부에 대해서도 공부해야 한다.

우리가 잘 아는 이솝우화에 나오는 개미와 베짱이.

여름내 열심히 일해 겨울철 양식을 준비한 성실한 개미와 매일 노래하고 즐기다 추운 겨울 양식을 구걸하던 비참한 베짱이 이야기다.

그때의 교훈은 앞날을 대비해 열심히 일하는 것이었다. 시대가 바뀌고 나도 중년이 되고 보니 이 이솝우화의 내용을 다시 생각하게 되었다.

내가 잘하고 좋아하던 일만 했던 베짱이. 그렇지만 미래에 대한 준비가 없었다. 여름철에 열심히 일만 했던 개미, 겨울철 따뜻한 집에서 준비된 양식을 먹고 여유로움을 누렸지만 일만 하니 자신이 진짜 뭘 원하는지, 뭘 잘하는지 몰랐다. 한마디로 둘 다 인생을 풍성히 누리지 못한 반쪽 인생이라 할 수 있겠다. 그래서 나도 책에서 본 내용을 교훈 삼아 따라 하기로 했다.

내가 잘하고 좋아하는 것으로 나의 꿈을 찾고, 그리고 그것으로 재정도 따라 올 수 있게 말이다. 세상의 성공자들은 재능도 있었지만 피나는 노력도 했다.

우리도 공부하고 부지런히 노력해야 한다.

예전에는 노력도 하지 않고 어느 날 갑자기 내가 탁월해진다거나 언젠가는 돈이 생길 거라는 막연한 바람이 있었다. 한마디로 요행을 바란 거였다. 그러나 지금은 심고 거둠의 법칙이 있다는 것을 깨달았다.

'콩 심은 데 콩 나고 팥 심은 데 팥 난다'라는 이 속담은 진실임을 뼈저리게 깨달았다.

## 내가 겪은 아픔이나 어려움이 제2의 꿈이 될 수 있다.

나의 어려움을 극복한 이야기로 나와 같이 힘든 사람들에게 위로의 길을 제시해 줄 수 있다.

내 삶의 모든 경험은 버릴 게 없다. 성공과 실패, 모든 점에서 우리는 배우고 그 배움을 사람들과 나눌 수 있다. 그리고 그것은 우리를 함께 성장시킨다.

며칠 전 교육을 들으러 갔다. 회계업무 교육이었는데 강사는 작년에 정년퇴직한 공무원이었다. 공무원일 때 회계업무로만 거의 10년간 일했는데 처음에는 경험이 없어 위에서 시키는 대로 급하게 공사를 진행했다가 서류 누락이 되어 큰 징계를 받은 적이 있다고 했다. 부족한 서류를 다시 준비하고 해결하기까지 몇 달간 고생한 경험으로 카페를 만들었다. 자신과 같이 처음 회계업무로 막막하고 어떻게 해야 하는지 방법을 몰라 헤매는 사람들에게 도움이 되고 싶은 이타적인 마음에서다. 그러면서 그 카페에 회계 자료와 사례를 올리기 시작했고, 입소문을 타고 사람들이 조금씩 몰려들기 시작했다고 한다.

이 카페는 전국에 회계업무를 하는 공무원, 공공기관 또는 민간기업의 회계 담당자들에게 많은 자료와 예시로 도움을 주고 있고 카페 회원도 3천명으로 늘었다고 한다. 이것이 계기가 되어 지금은 회계 강의로 전국을 돌면서 제2의 인생을 살고있다. 공무원 퇴직 후 다른 사람들은 갑자기 생긴 시간과 무료함으로 인해 우울증에 빠지기도 하는데 그는 현역 때보다 은퇴한 지금이 더 바쁘고 신나게 일하고 있다고 했다. 재정이 따라오는 것은 말할 것도 없고 말이다.

자신이 고생하며 깨닫게 된 지식과 경험으로 다른 사람에게 도움을 주고 그것으로 제2의 인생을 살게 된 케이스다.

강의를 들어 보니 강사가 적성에도 맞는 듯 유머도 곧잘 하시고 즐기시는 게 눈으로 보였다. 이분처럼 처음에는 자신이 좋아하지 않았던 일이었지만 업무로 인해 어쩔 수 없이 배워야 했던 그 일이 익숙해지면, 자신만의 노하우가 생기고 그 노하우로 다른 사람을 유익하게 한다.

그것은 또한 자신을 유익하게 한 일이기도 하다.

## 일단 도전하라!

앞에 달리기를 잘했던 10대 소년의 이야기처럼 부와 재능은 자신 안에 있다.

우리의 재능은 꿈과 대부분 연결되는 경우가 많다. 그래서 자신이 뭘 잘하고 좋아하는지를 곰곰이 생각해 보는 시간이 꼭 필요하다. 그리고 내가 겪은 어려움으로 다른 사람을 도울 수 있다. 그것이 또한 내 제2의 꿈이 될 수 있고 재정으로도 연결될 수 있음을 기억하자.

이제 더 이상 머뭇거리기만 하지 말고 자신이 좋아하고 잘하는 것을 찾고 그 길을 찾아 도전해 보자.

'행복해서 웃는 것이 아닙니다.
웃기 때문에 행복해지는 것입니다'

오래전 보았던 문구다.
이 문구를 패러디하며 마무리하고 싶다.

꿈이 있어서 도전한 게 아닙니다.
도전하다 보니 이루고 싶은 꿈이 생겼습니다.

# 모든 위대한 일의 시작
## ＊ 아주 사소한 훈련

영화 미션임파서블7 (데드 레코닝) 훈련 영상을 우연히 보게 되었다.

톰 크루즈가 노르웨이의 수천 피트 절벽까지 바이크를 타고 올라가 절벽 아래로 떨어지며 낙하산을 펼치는 영상이었다. 낙하산을 너무 일찍 펼치면 암벽에 부딪힐 수 있고 너무 늦게 펼치면 바닥에 부딪혀 사망할 수 있어 타이밍이 정말 중요했다. 실제로 그가 직접 뛰어내리는 장면이었다. 이 방대한 스케일 앞에 나는 심장이 '벌렁'거리고 입이 '쩍' 벌어졌다. 만약 여러분도 이 영상을 본다면 나와 같은 반응을 보일 것이다. 높이가 나이아가라폭포(55미터) 높이의 세 배이다. 훈련 세트장에서 톰 크루즈가 바이크를 타고 올라가는 모습이 반복해서 나왔다.

이 영화의 한 장면을 위해 500번의 스카이다이빙, 1,300

번의 오토바이 점프 연습, 1년 동안 기초체력훈련과 낙하훈련을 끊임없이 반복했다고 한다. 스릴 넘치는 영상을 찍기 위해 카메라 앵글의 위치, 각도가 중요한데 톰 크루즈가 바이크를 타는 시간, 절벽에서 떨어지는 시간을 측정해서 그 데이터를 분석하고 계산해서 드론을 띄어 촬영했다. 그리고 대망의 액션 장면. 잘못하면 큰 부상으로 불구가 되거나 죽음으로 이어질 수 있는 정말 위험한 장면이었다. 워낙 높은 상공이라 안개가 껴도 위험하고 모든 변수가 완벽해야 가능한 장면이었다.

바이크가 경사로에서 조금만 벗어나도 바로 떨어져 죽을 수 있고 잘 떨어져도 낙하산이 제때 펴지지 않으면 죽을 수 있다. 전문 스턴트맨이라고 해도 어려운, 목숨을 담보로 한 위험한 액션씩을 톰 크루즈가 직접 해낸다. 보고 있으면 경이롭다.

그 영상을 보고 든 생각은 어떤 위대한 일도 작게 시작하고 훈련하면, 몸이 거기에 익숙해지고 자동화되어 큰 성공으로 이어질 수 있다는 것이다. 나에게는 깨달음을 주는 영상이었고 몇 분 동안 생각에 잠기게 했다.

곡예사들도 처음에는 30cm 높이의 낮은 곳에서 줄 하나에 올라가 훈련한다. 그러다 아주 익숙해지면 높이를 점점 높여서 타게 되고 나중에는 아주 높은 높이에서 곡예를 한다. 훈련이 주는 놀라운 힘이다.

위대한 일을 시작하고 싶은가? 매일 작은 것부터 시도해 보자. 그렇게 감각이 익혀지면 몸도 정신도 자동화된다. 그러면 그 상황이 되어도 비록 떨릴지언정 해낼 수 있다. 몸이 기억하기 때문이다.

어떤 위대한 일도 작은 훈련에서부터 시작했다는 것을 잊지 말자.

## Chapter 3

낯선 곳에서 아침을 맞이하라

도전

# 아는 사람만 아는 세계
## * 네트워크 마케팅 도전

### 리스크가 없는 무자본 사업

나는 돈에 관심이 없었다. 정확히 경제관념이 없었다. 간호학과를 졸업하고 바로 취업했고 첫 직장에서 20년 동안 직장생활을 했다. 언제나 월급날만 되면 돈이 꼬박꼬박 들어왔다. 그렇게 돈은 항상 자동으로 한 달만 있으면 나오는 줄 알았다. 안주하는 성격이고 큰 욕심도 없어 나름대로 만족하고 살았다. 그러다 몸이 좋지 않아서 육아 휴직을 몇 달 내고 쉬면서 처음 깨달았다.

'직장은 언제나 다닐 수 있는 것은 아니구나',

'내가 아프면 다니고 싶어도 어쩔 수 없이 쉬어야 할 수도 있구나' 하고 말이다.

신랑도 건강이 좋지 못해 어쩌면 직장을 그만둘 수 있다는 위기의식이 처음으로 생겼다. 그러던 차에 읽게 된 로버트 기요사키의 책 〈부자 아빠 가난한 아빠〉를 읽고 왜 사업을 해야 하는지 처음으로 알게 되었다.

'무자본으로 할 수 있는 게 뭘까?' 생각하다가 우연히 네트워크 마케팅의 식품을 소개받으면서 식품도 먹고 사업도 하면 좋지 않겠냐는 권유에 '나도 해볼까?' 하는 마음이 생겼고, 줌으로 몇 차례 사업설명회도 참석해보고 스폰서라는 분들도 만나보게 되었다.

일단 무자본으로 시작할 수 있다는 게 부담 없어 좋았고, 좋은 식품으로 사람들도 건강하게 하고 나도 수익을 벌 수 있다는 말에 귀가 솔깃했다. 처음에 신뢰할 수 있는 분들의 권유였기에 별다른 거부감 없이 모임에 참여하게 되었고, 그분들도 선한 의도로 사업을 권유하는 게 느껴져 나도 한번 도전해 봐야겠다는 결심이 섰다. 유튜브로 보상 제도 설명을 듣는데, 설명을 듣고 있노라면 부자가 되지 않는 게 이상할 정도였다.

## 아는 사람들만 아는 비밀의 정원

식품의 효과는 어떤 몸이라도 치유해 줄 것 같았고, 수익은 시간이 지나면 계속 누적되어 복리 같은 효과를 누리게 설정되었다. 저렇게 주다가는 회사가 남아날 수 있을까 의아했지만, 그렇다고 하니 그런가 보다 했다.

좋은 회사, 좋은 제품, 그리고 함께하는 좋은 사람들, 정말 모든 게 이상적이었다. 사회는 경쟁 사회인데 이곳은 서로가 성공을 도와주는 구조로 다들 친절하고 응원해 주는 분위기가 참 좋았던 것 같다.

처음에는 시스템을 몰라 시스템 안으로 들어오라는 이야기를 많이 들었고, 이런 좋은 사업을 자신만 아는 건 죄라며 사랑하는 사람들에게 이 사업을 소개해 주어야 하지 않겠냐고 호소해서 나도 이 사업을 주위에 알려 같이 경제적 자유를 달성하면 좋겠다는 마음이 자리 잡게 되었다. 직급자들이 주로 강의하였는데, 자신이 받는 성과급과 비전에 대해 나눌 때면 먼저 간 그들이 대단해 보였고 부러웠다. 직급의 이름도 예쁘다. 브론즈, 플래티늄, 로얄 다이아몬드, 밖에서 이런 이야기를 들었을 때는 유치하다고 웃었는데 내가 막상 들어와 보상 제도와 함께 이야기를 계속 들으니 실현될 수 있을 것 같은 현실로 다가왔다.

소위 시스템 안으로 들어오라는 말은 이런 성공의 이야기를 계속 들으면서 꿈을 키워 나가게 하고 계속 행동하게 하려는 의도였다. 여기에서 좋았던 건, 말하는 모든 것이 긍정적이었고 굉장히 격려해 주는 분위기다. 언제나 도움이 필요하다고 하면 서로 나서서 도와주려 했고 누가 직급을 달성하면 자기 일처럼 기뻐해 주었다. 자신의 성장을 위한 독서도 권유하면서 독서하고 실천하라고 조언도 해주었다.

드림 보드를 작성해 보라고 하고 개인 일정을 이용한 시간 관리의 중요성 등 자기 계발서에서 들어 봄 직한 이야기를 해주며 실천하도록 독려해 주었다. 직급자들의 성공 스토리를 일주일에 한 차례씩 줌으로 들려주었고 사업의 비전, 제품 설명, 보상 제도에 대해서도 알려주었다.

그때는 한창 코로나 기간이어서 대체로 줌으로 진행하였고 온라인으로 다른 지역의 사람들이 줌으로 참여할 수 있어 나처럼 직장인이고, 지방에 있어 시간과 장소에 제약받는 사람들이 접근하기가 수월했다.

1박2일 세미나도 개최했는데 처음이자 마지막이었던 그 모임에 참석하게 되었다. 리조트에서 개최된 세미나는 식사며 프로그램이며 따뜻하고 희망적인 교제 분위기와 한 사람 한 사람 이름을 불러주고, 격려해 주고, 손잡아 주면서 서로를 배려하고 존중해 주는 분위기였다. 새로운 직급자들은 무대에 올라와 배지를 수여받고 축하 꽃다발, 그리고 소감을 듣는 시간도 있었다.

축하 소감을 발표하면서 왜들 다 하나같이 펑펑 울던지. 그런 생각을 했다. '왜 다들 펑펑 울까?' 그때는 다들 감성이 풍부해서 그러려니 했는데, 돌이켜 생각해 보면, 얼마나 많은 거절과 사람들의 무시를 이겨내고 자신이 꿈꾸던

자리에 오르게 되니, '그간 힘들었던 게 생각나면서 감격이 되어 그랬나보다'라고 생각되었다.

## 누구나 부자가 될 수 있다지만

―

결론적으로 말하자면 나는 이곳에 오래 머물지 못했다. 사람들은 너무 좋았고 만나면 즐거웠지만, 일단 나는 용어가 어색했다. 나보다 상위에 있는 분들은 스폰서님, 그리고 나보다 아래는 사장님이라고 불렀다. 어색했지만 그렇게 부르려 노력했다. 이 물건을 팔아야 하는데 내 적성과 맞지 않았다.

필요한 사람에게 물건을 파는 건 어렵진 않겠지만, 200만 원 가까운 건강 관련 식품을 파는 건 나에게는 너무 어려운 일이었다. 일단 금액이 내가 생각하기에도 부담스러운데 그걸 말하려니 어려웠다.

'물건을 판다'라고 생각하지 말고 '가치를 판다', 또는 '건강을 선물한다', '평생 자유롭게 할 경제적 자유를 선물한다'라고 생각하라고 했지만, 나는 그런 생각이 잘 들지 않았다.

처음에는 진심으로 그런 생각으로 내 주위의 몇 명에게 소개도 했다. 반응은 다들 관심이 없었다.

친한 몇 명이 내 생각해서 구매해 주었다. 정말 고마웠다. 나는 그 당시에 그들도 사업을 해서 경제적 자유를 달성하기를 바라는 마음에 추천했지만, 큰 금액이라 부담을 주는 것 같아 미안했다. 전혀 모르는 사람에게는 입도 못 뗄뿐더러 아는 사람에게도 부담이 될까 봐 깊게는 말하지 못하고 가볍게 "이런 게 있는 데 한번 사업해 보지 않을래?", "건강에 좋다는데 한번 먹어보지 않을래?" 정도였다.

스폰서님들을 만나 비전에 관한 이야기를 나눌 때는 좋았지만, 막상 내가 집에 돌아와 사업을 홍보하거나 판매하려고 하니 전혀 진척이 이루어지지 않았다.

시간이 지나면서 나는 힘들었다. 사람들을 만나는 것도 많은 에너지가 소요되고 전화 통화로 사업에 대해서 장시간 이야기하는 것도 나는 힘들었다.

스폰서님들은 어디를 뚫어야 하고 직접 다니면서 홍보하자고 하면서 도와줄 테니 직접 뛰자고 하셨다. 처음에는 뭣 모르고 사업의 비전에 대해 듣기만 하니까 신선하고 새로웠으나 행동하려니 자신이 없었다. 그렇게 몇 달 기웃만거리다 시간만 낭비하는 것 같아 결단을 내렸다.

네트워크 마케팅 사업은 나랑은 맞지 않는다고, 더는 에너지 빼지 말자고.

이후 〈부의 추월차선〉이라는 책에서 네트워크 마케팅은 창업한 사람에게는 사업이고 부자가 될 수 있지만, 그 밑에서 일하는 1인 사업자라고 하는 네트워크들은 사실상 돈을 쉽게 벌 수 없다는 것을 깨달았다. 허울만 사장이고 1인 사업자라는걸.

물론 소수이긴 하지만 성공하는 분도 있다. 그렇지만 직급이 올라가고 돈을 벌었다 해도 그것을 계속 유지하기가 쉽지 않다. 네트워크 사업은 수많은 사업하는 사람들이 그 회사 제품을 구매하니 돈을 벌고, 그렇게 열심히 일해주다 지쳐서 나가면 또 새로운 사람들이 들어오고, 그래서 회사는 계속 돈을 버는 구조이지만 그 밑에 1인 사업자들은 실상 성공하기가 어려운 것 같았다.

물론 열심히 하면서 소위 성공했다고 할 수 있는 억대 연봉자도 있다. 그분들의 긍정 마인드와 열정을 높이 산다.

화장품 에스티로더로 억대 연봉자였던 정은희 작가의 책〈오늘도 나에게 박수를 보낸다〉를 감명 깊게 있었고 그렇게 성공하는 분들도 있다.

## 결국 내 마음에 끌리는 게 답이다.

—

거기에서 3년 넘게 몸담고 계셨던 스폰서님이 어느 날 나에게 연락이 왔다. 거기서 나왔노라고.

될듯하다 되지 않고 그게 반복이었다고. 잠깐은 돈을 벌지만, 유지가 힘들어서 정말 희망 고문이었다고 이야기하셨다. 그분은 네트워크 사업에 집중하기 위해 자신의 가게를 정리하면서까지 올인하였고, 시스템을 성실히 이행하시면서 그곳에서도 많은 기대를 받으셨던 분이다.

이렇게 나의 네트워크 마케팅 도전은 크게 행동하지 못하고 막을 내렸다.

직장생활에서 다른 무언가가 있지 않을까? 하고 시도하고 행동한 첫 사례이다. 평생 내가 아는 사람들만 교제했었는데, 전혀 다른 지역, 전혀 다른 분야의 사람들을 만나게 되었다. 공무원, 자영업자, 공부방 교사, 음악인, 커피숍 운영, 주부, 회사원, 다른 분야의 사람들을 만나게 되어 그런 경험은 즐거웠다. 직업과 하는 일들은 달랐지만 다들 앞날에 대한 대비를 찾고 있었다.

여러분들도 무자본으로 사업을 시작할 수 있고 리스크가 전혀 없다는 말에 네트워크 마케팅을 권유받으셨다면 충분히 생각해 보셨으면 좋겠다.

성공하는 분들은 극히 소수이고 성공하기가 쉽지 않다는 거, 그리고 많은 에너지가 요구된다는 거. 같은 파트너 사장님들을 계속 지지해 주고 에너지를 줘야 한다. 지속적으로, 전국을 돌아다니면서 발로 뛰어야 한다. 너무 지치는 일이다. 그 사업이 재미있고 적성에 맞으면 OK! 그렇지 않다면 그 에너지로 자신에게 투자하자!

# 나도 책을 낼 수 있다고요?
## * 책 출간

### 첫 노크

작년 정신건강복지센터에서 근무할 때다. 유관 기관인 중독센터 운영위원회에 참석하게 되었다. 운영위원회 위원 중 수녀님이 계셨는데 00정신 병원에서 상담을 해오고 계셨다. 이제 칠순을 훨씬 넘기신 연세가 제법 많으신 수녀시다.

간호학과를 졸업하고 석사학위까지 받으신 분이다. 해외로 봉사활동도 수년 다녀오실 걸로 안다. 왜소하지만 인자한 미소가 인상적인, 사람들의 아픔을 다 품어줄 수 있을 것 같은 연륜이 느껴지시는 분이다.

그 수녀님은 00 병원에서 일주일에 하루, 정신과 환자들 상담을 맡고 계시는데, 자신의 감정 표현에 서툰 환자들에게 글쓰기를 제안하셨다고 한다. 글을 쓰면서 자신도 알지 못했던 감정이나 마음들을 표현하면서 환자들이 환기되었나 보다. 그중에 여자 환자분이 말은 잘 하지 않는데 글을 써오기 시작하셨고 다른 환자분들도 차차 글을 써서 가지고 오셨단다. 읽어보니 생각보다 글을 너무 잘 쓰셔서 환자분들이 쓴 글을 차곡차곡 모으셨다고 한다. 그리고 더 쌓이자, 이 글들을 책으로 내봐야겠다는 마음이 드셨다고 한다.

이런 의지를 가톨릭 재단에 말씀드리고 재단에서 돈 500만 원을 후원받아 환자들이 쓴 글을 모아 책을 출간하게 되었다고 하시면서 운영위원회에 참석한 나에게도 책을 한 권 선물해 주셨다.

정신 병동에서 오랫동안 질환으로 고생하던 환자분들이 쓴 글이라 그런지 더 마음에 와닿았다. 문구가 기억나지 않지만, 미사여구 없는 순수하고 진솔한 글이었다.

수녀님이 잘 아는 화백을 통해서 글에 맞는 그림을 부탁하셨고 그분의 재능기부로 글과 함께 잘 어우러지는 그림을 넣어주셔서 글쓴이의 마음이 더 호소력 있게 꾸며진 책이 되었다.

처음으로 어느 정도의 금액과 마음만 있으면 누구든지 책을 낼 수 있다는 것에 놀랐다.

## 책 출간, 두 번째 노크

그리고 얼마 후. 일반 전화로 상담 요청이 들어왔다. 자신을 30대 초반에 여성이고 우울증과 자살 충동으로 수년째 정신과 약물을 복용 중이라고 소개했다.

마음이 아주 답답하고 힘든데 어디 하소연할 데가 없어 정신건강복지센터에 상담을 요청하셨고 약물을 복용 중인데도 한 번씩 충동적으로 자살 사고가 올라온다고 했다.

간단한 전화상담 후 대면 상담을 진행하기로 했다.

집에서 상담하고 싶지 않고 센터에 오는 것도 꺼리셔 커피숍에서 만나기로 했다. 대상자가 장소를 정한 커피숍은 최근 그 지역에서 가장 '핫'한 곳이었다. 커피숍 안에 분수가 있고 야외에 테라스가 몇 개 있는데 다 독채 형식으로 있어 아이들을 둔 맘들에게 인기가 많은 곳이었고 특히 베이커리가 맛있다고 소문이 난 곳이었다.

약속 시간에 맞춰 커피숍으로 들어갔더니 많은 사람이 대화를 나누고 있었다. 어느 조용한 커피숍 분위기와는 달리 이곳은 사람들로 다소 시끄러운 분위기였다. 주위를 둘러보니 저 멀리 창가에 혼자 앉아 있는 여성을 발견했다. 청바지에 반소매 흰색 티, 그리고 긴 검은 파마머리 위에 선글라스를 얹어 매우 스타일리시해 보이는 여성이었다. 그녀의 시선은 노트북으로 향해 있었고 손으로는 열심히 키보드를 치고 있었다.

혼자 있는 사람은 그 여성밖에 없어서 다가가 말을 건넸더니 오늘 내가 만나기로 한 대상자였다. 서로 인사를 나누고 대화를 이어가던 중, 이 여성도 책을 내는 것이 자신의 꿈이라고 했다.

자신의 화난 감정, 죽고 싶은 감정, 희망 등 모든 감정을, 글을 통해 분출하고 있다면서 언젠가는 자신의 이름으로 책을 낼 계획이라고 했다. 지금까지 자신이 써 놓은 글을 한번 보겠느냐고 물어보서서 안 보겠다고도 할 수 없어 그러겠다고 하니 노트를 한 권 내민다. 성의 없어 보일까 봐, 그리고 글에 대한 느낌을 질문할까 봐 한참 동안 천천히, 내용을 곱씹으며 글을 읽어 내려갔다.

글의 내용은 다소 어두웠고 무슨 뜻인지? 무엇을 말하려는지? 이해가 선뜻 되지는 않았지만, 꾸준하게 글을 쓴다는 것이 대단해 보였다. 보면서 느낀 건, '개인도 책을 낼 수 있구나'였다.

여성은 결혼한 지 1년 정도 되었는데 남편이 직장에 나가면 오전 11시쯤 노트북을 들고 커피숍에 나와 아메리카노 한 잔 시켜놓고 몇 시간 동안 글을 쓰고 오후에 집에 들어간다고 했다. 똑같은 커피숍이 지겨워 커피숍은 주기적으로 바꾼다고 했다. 그렇게 2시간이 넘게 이야기를 주고받은 것 같다.

이후 가끔 전화 통화로 안부를 물었고 여전히 책 출간에 대한 마음을 가지고 글을 쓰고 있다고 했다.

## 책 출간, 3번째 노크

올해 6월이다. 내가 사는 지역의 도서관 강당에서 인문학 강의로 이슬아 작가를 초청했다.

강연 주제는 이슬아 작가의 〈글쓰기는 어떻게 내 삶을 바꾸는가?〉였다. 토요일 오후 3시, 집에서 가까운 도서관 홀에서 진행되어 참여하게 되었다. 우연히 세바시에서 이슬아 작가를 보기도 했지만, 강연 제목에 끌렸다.

어느 책에서 매일 글쓰기를 해보라고 권면을 받았던 터라 쓰긴 써야겠는데 도대체 뭘 써야 하는지? 무엇을 써야 하는지? 몰랐기에 강연 주제를 보자마자 꼭 들어야겠다는 생각이 들었다.

이슬아 작가는 '일간 이슬아'를 발행해 자신의 글을 매일 독자들에게 전달하는 게 계기가 되어 베스트셀러 작가가 되고 지금은 출판사까지 차린 출판사 대표가 되었다.

자신이 글을 뛰어나게 잘 쓰는 사람은 아니었지만, 꾸준히 포기하지 않고 성실히 매일 글을 썼기에 여기까지 올 수 있었다고 했다.

강연 티켓은 도서관 홈페이지에서 미리 인터넷 예매하고 당일 참석했는데 400석 홀이 거의 다 꽉 차 있었다. 몰랐다! 사람들이 그렇게 글쓰기에 관심 있는 줄.

강연이 끝나고 질의응답 시간이 있었다. 보통 질의응답 시간에는 서로 눈치만 보다 "질문 있으십니까?" 하고 묻는다. 그 뒤는 정적이 흐르면서 조용해진다. 이때의 1~2분은 길다.

서로 민망해지니 "예 그러면 질문 없으신 걸로 알고 이상으로 마치겠습니다."라는 말이 끝나기가 무섭게 박수와 함께 그날 강의 일정이 마무리되는 것이 내가 아는 흔한 풍경이었는데 이날은 예외였다. 강연 후 질의응답 시간에는 청중들의 손들이 여기저기에서 올라오기에 바빴다. 말씀도 다들 어찌나 잘하시는지, 순간 여기가 수도권인 줄 알았다.

'여기 00 맞아?'

관심도, 질문 수준도 높았다. 내가 보기에는.

타 지역 분들도 ktx를 타고 강연에 참여하실 정도로 이슬아 작가를 좋아하는 팬들도 여럿 있으셨다. 남성분들도 제법 눈에 띄었다.

질문은 글쓰기의 재능이 없어도 시작해도 좋을지? 자신의 글이 평범한데 어떻게 하면 글을 색다르고 자신만의 매력을 어필할 수 있을지? 등 다양했다.

'언제부터 이렇게 사람들이 글쓰기에 관심을 가졌을까?'

새삼 놀라웠다.

사람들이 책을 쓰는 작가가 되고 싶어 한다는 것을? 그리고 무언가 자신만의 꿈을 찾고 싶어 한다는 것을?

이슬아 작가는 여기 앉은 청중들이 미래의 만나게 될 동료 작가가 될 수 있다고 하면서 자신이 작가가 된 배경, 글을 어떻게 쓰게 되었는지 자신의 경험을 들려주었다.

그리고 이제는 드라마 대본까지 쓰게 되었다며 강연 후 저녁에 서울에서 대본 미팅이 있다고 했다. 작가의 글 쓰는 영역도 점차 확장되는 것이 참 멋있어 보였다. 그러면서 '우리가 어떻게 작가가 될 수 있지? 괜히 사람들에게 듣기 좋아하라고 하시나 보다'라고 생각했다.

작가가 된다는 것은 오랫동안 준비하고 글에 재능이 있는 사람이 해야 한다고 생각했고 평범한 사람들과는 동떨어진 이야기라고 여겼기 때문이다. 그렇지만 그날 강연으로 네 가지 단어가 내 뇌리에 뚜렷이 남았다.

책, 출판사, 꿈, 그리고 도전

집에 돌아와서 작가의 주제 강연을 패러디하여 〈독서는 어떻게 내 삶을 바꾸게 되었나?〉라는 제목으로 A4용지로 3페이지를 써봤다. 그게 6월 중순이었다. 처음이었다 3페이지를 한 번에 써본 건. 그 강연이 은근히 동기부여가 되었었나 보다.

## 그리고 문을 열다.

—

그리고 7월에 아부 코칭에 들어왔다.

아부 코칭은 〈아름다운 부자들의 독서 코칭〉의 줄임말이다. 베스트셀러 작가이신 이지성 작가와 정회일 작가가 함께하는 독서 코칭 온라인 모임이다.

거기 공지 사항에 올라와 보게 된 책 쓰기 코칭!

"잉! 이건 뭐지?"

3개월 동안 훈련받고 책을 낼 수 있게 도와주는 프로그램이란다. 일반인도 책을 낼 수 있다고.

출판사에 투고하는 방법, 목차 작성법 등 작가가 직접 발로 뛰면서 알게 된 노하우로 책을 낼 수 있도록 코칭해 준다고 했다.

아부 코칭에서는 ① 책 내기 ② 강의 ③ 셀러 이 셋 중의 하나는 하라고 했다. 만약 앞에 세 번의 걸친 책 출간에 대한 자연스러운 이야기를 들어 보지 못했다면 그냥 무심히 넘겼을 텐데 앞의 이야기를 들은 터라 자연스럽게 연결이 되면서 "책을 낼 수 있다고. 나도?"

관심이 갔다. 그리고 코칭을 해주시는 분들이 신뢰가 가서 그렇게 책 쓰기 코칭에 참여하게 되었다.(글쓰기 참조) 책 출간에 대한 내 생각을 〈내 마음을 두드리는, 세 차례의 노크〉로 비유할 수 있겠다.

세 차례 연달아 내 마음에 노크를 해댔다.

처음 한 번 노크 소리를 들었을 때는 내가 아니라고 생각해서 무심히 그냥 지나쳤고, 그다음 노크 소리에 "나를 부르는 건가?" 하고 귀를 기울인다.

그리고 이내 세 번째 노크 소리에 문을 '스르르' 열고 "누구세요?"라고 반응을 보이게 되는 그런 거와 비교하면 설명이 될까?

한 번도 내가 책을 내게 되리라고 생각해 본 적이 없었다. 그런데 그 책 출간이 나에게 '성큼성큼' 다가왔다. 뭔가 나에게 성장의 기회가 될 것 같아서 참여하고 싶었다.

웬일인지 신랑이 참여해 보라고 허락을 해주었다. 10~20만 원도 아닌 금액이어서 나도 부담스럽고 신랑도 부담스러운데 정말 신랑이 단번에 허락해 주었다.

"이게 뭐지?" 이렇게 물 흐르듯이 진행된다는 것이 말이다.

정말 나는 책을 출간할 수 있게 되는 건가?

각자마다 책을 내는 이유가 다를 것이다. 어떤 이는 자서전으로 자신의 삶을 되돌아보고 싶어서, 어떤 이는 책을 통해 자신을 알리고 다른 발판으로 삼고 싶어서, 그리고 어떤 이는 정말 작가가 꿈이어서. 꿈을 꾼 적도 없는데 친구 오디션 따라갔다가 친구는 떨어지고 자신이 연예인이 되었다는 이야기를 들은 기억이 종종 있다.

때로 처음에는 자신은 뜻하지 않았던 일들이 어느 날 운명처럼 다가올 때가 있다. 기회라는 거, 어느 날 바람처럼 와 버려서 기회인지도 모르고 지나치는 경우가 얼마나 많은가? 지나고 나서 '아~ 그때 그거 한번 해볼걸?' '그때가 기회였는데' 하고 후회한다.

나에게 있어 책 코칭에 참여한다는 것도 그랬다.

자연스럽게 내 마음에 노크를 두드리고 말을 건넸다. 앞으로 책을 내게 될지, 아니면 이걸 계기로 다른 길이 연결될지, 아니면 글쓰기 훈련만 잘하게 된 건지, 아직은 알 수 없지만 중요한 건 내게 온 자연스러운 기회를 그냥 뿌리치지 않았다는 거다. 그리고 기회는 오지만 만들어 가는 것은 내 몫이라는 것을 배우는 중이다.

모든 경험은 그것을 하는 것 자체로 가치 있다. 그 경험을 통해 배우고 성장하기 때문이다.

오늘 여러분 마음에도 작게 두드리는 노크 소리가 들려오는가?

여러분이 어떤 반응을 하게 될지 궁금하다.

## 나를 위한 선택
## * 용서

**상처는 우리를 병들게 한다.**

오랫동안 정신과 약물을 복용해도 전혀 호전이 되지 않아 정신과 병원에서 센터로 의뢰한 61세 남자분이 있으셨다.

3년 정도 우울증 치료를 받았음에도 점점 더 기력이 쇠하여지고 잠을 2~3시간밖에 잘 수 없다고 호소하였다. 우울증의 발병 원인은 가장 절친이었던 친구가 급하게 돈을 빌려달라고 해서 자신이 이제껏 모아 둔 전 재산 3억을 빌려주었는데 결과는 돈도 돌려받지 못하고 친구도 자취를 감추어버렸다고 했다. 그전에는 목수로 일하면서 친구들이랑 잘 어울리셨던 분이었는데 이 일로 너무 충격을 받아 한동안 말도 잘 못하고 대인관계 기피 현상으로 밖을 나갈 수 없으셨다고 한다.

불면과 우울, 대인기피 현상으로 정신과에서 약물 복용 하였으나 별 차도가 없었고 치아도 빠지고 밥이 넘어가지 않고 소화도 힘들어 몇 년째 죽으로만 들고 계셨다. 젊은 시절 아내와 이혼해 혼자 두 아들을 키우셨고 아들도 이혼해 혼자 자녀들을 키우고 있다고 했다. 직장에 다니는 아드님을 위해 낮에는 손주들을 돌봐주고 계셨다.

우울증으로 기력도 없고 그로 인해 지금은 일을 할 수 없어 아들한테 용돈을 받고 계셨는데 한 달 용돈은 15만 원, 담배를 사고 나면 쓸 돈이 없는 적은 금액임에도 그마저도 아들한테 받아쓰는 게 미안하다고 하셨다. 그러면서도 담배를 끊지 못하는 자신을 자책하셨다.

몸이 힘든 중에도 손주들을 위해 가사를 도맡으셨기에 더 힘들어하셨는데 그나마 다행히 형편을 잘 아는 옆집에 사시는 할머니가 반찬도 챙겨주고 아이들도 많이 챙겨주신다고 했다. 너무 점잖으시고 조용하셔서 자신의 마음을 잘 표현하지 못하셨는데 그 나쁜 친구에 대해서도 '어째 그럴 수 있냐!'

'나는 정말 억울하다!'라는 표현 한마디 없이 계속 속으로 삭히고 계셨다. 이렇게 힘든 감정을 표현하지 않고 안으로만 삭히니 상처가 곪아 들어가 신체적으로나 정신적으로 고통받는 거 같아서 매우 안타까웠다.

정말 믿었던 가장 친한 친구에게 전 재산 3억을 차용증 없이 빌려주었고, 그 돈을 돌려받지 못한 것도 억장이 무너질 노릇인데 친구가 미안하다는 말 한마디도 없이 자취를 감추어버렸으니 얼마나 억울하고 비참하고 화가 날까? 자식들 보기도 미안하고 말이다.

이렇게 착한 분이 갈수록 잠을 못 자더니 나중에는 한 시간도 잠이 들기 어렵다고 호소하시면서 숨도 쉬기 힘들어했고 일반 병원에 여러 차례 입, 퇴원 반복하면서 고통스러워하셔서 너무 안타까웠다. 병원에서 정신과랑 연계해서 치료받으셨는데 호전이 잘되지 않았다. 그분을 보면서 큰 상처와 배신으로 인해 용서하기 힘든 상황에서도 결국 나를 위해 용서를 선택해야 한다는 것을 절실히 느끼게 되었다. 머리로는 알지만 감정적으로 정말 쉽지 않다는 것도 잘 안다.

상담을 해보면 모두 다 상처가 있다. 특히 어르신들의 인생 이야기는 다 한 편의 영화다.

왜 그리 상처들이 많은지. 파란만장한 인생 이야기를 듣고 있으면 내 마음도 아팠다. 그리고 하나같이 다 상처를 안고 살았다. 용서하고 응어리를 풀면 좋겠는데 그 상처가 한이 되어 그 한과 함께 살고 있었다. 그리고 그것을 계속 곱씹으셨다.

## 상처는 나를 과거에 묶이게 한다.

—

　나한테 상처 준 가족, 친구, 또는 자기 자신을 용서하지 못하는 사람들도 있었다. 나도 가족에게 상처받고 마음이 힘든 경험이 있다.

　아빠 때문에 상처받고 힘들었지만, 아빠가 돌아가시기 전 옆에서 간호하면서 그런 상처들이 다 씻겨 내려갔다.

　나한테는 오빠가 있는데 나는 오빠가 불편했다. 오빠는 그런 마음이 전혀 아닐 수 있겠지만 나는 그랬다. 6살 차이 나는 오빠, 부모님이 가게에 나가시고 오빠랑 단둘이 있었는데 늘 나를 괴롭혔다. 6학년 남자아이와 유치원 여자아이 딱 나이 차이가 그랬다.

　그런 나를 붙잡고 매일 밤 씨름을 했다. 싫다고 해도 소용이 없다. 말 안 들으면 때리니까. 씨름을 하면 어김없이 나는 넘어지고 다친다. 너무 하기 싫은데 나의 의사는 중요하지 않았다.

　오빠는 늘 누워서 나에게 심부름을 시키고 말 안 들으면 때리고, 나는 오빠와의 좋은 기억이 하나도 없다. 나의 일방적인 기억에서는 그렇다. 그러다 커서는 은행에 데려가 내 이름으로 신용카드를 만들고 결국에는 나를 신용불량자가 되게 했다.

　부모님이 아프실 때도 병원비를 보탠 적이 없다. 일부러

그러지는 않았지만, 결과적으로는 그랬다. 부모님이 돌아가시고 내 결혼식날 오빠는 결혼식이 다 끝나고 나타났다. 아빠의 수술 날도 술 마시고 늦어 다음 날 아빠의 수술이 다 끝나고 나타났다. 병원비는 모두 내 몫이었다.

결혼하고 나서 아주 가끔 전화가 왔다. 전화 내용은 돈이 없으니 돈을 빌려달라는 내용이었고 단 한 번도 안부로 나에게 전화를 한 적이 없다. 전화 올 때 혹시나 하고 받으면 역시나 돈 이야기였다. 오빠의 전화번호가 뜨면 심장이 내려앉았다. 큰 금액이 아니었지만 나도 여윳돈이 없으니까. 그리고 왜 내가 계속 돈을 해줘야 하는지 속이 상했다.

오빠의 부탁으로 어쩔 수 없이 돈을 부쳐 주었는데 어느 날부터 오빠가 고맙다, 미안하다고 문자를 했다. 그런 말은 우리 오빠가 하는 말이 아니다. 예전 우리 오빠라면 말이다.

사람들에게 돈을 빌리고 갚지를 못하니 사람들이 오빠에게 돈을 빌려주지 않았고 그렇게 비참함을 경험하면서 오빠의 마음도 가난해졌다.

어느 날 오빠가 돈 좀 빌려 달라고 해서 이유를 물었더니 일하게 장비를 사야 한다고 했다. 알고 보니 수입이 고정적으로 들어오지 않아 일용직을 나간다고 했다. 일이 없는 시기에는 그거라도 해야 방세를 내고 식사를 해결할 수 있다고 했다. 오빠는 절대 그런 일을 할 사람이 아닌데, 그렇게라도 다른 사람에게 손 내밀지 않고 일하려 한다는 것에 놀랐지만 한편으로 감사했다. 놀라고 안쓰러운 마음을 뒤로 한 채 오빠 사람 됐다고, 몸조심하라고, 문자로 남겼다.

다음 날 출근길, 도로포장으로 일하는 아저씨들을 보는 순간 오빠 생각에 눈물이 '왈칵' 쏟아졌다. 어린 시절 아무 고생도 하지 않고 자기 하고 싶은 대로 하면서 살았던 오빠. 힘든 일이라고는 해본 적이 없던 오빠가 이렇게 더운 여름날 38도가 넘는 땡볕에서 일한다고 생각하니 눈물이 났다. 그 아침 출근하는 차 안에서 소리내어 울었.

안쓰러운 마음, 그리고 이제는 돈을 빌릴 때마다 나한테 미안하다, 고맙다 그 말 한마디에 오빠에 대해 미웠고 불편했던 마음이 조금씩 씻겨 내려갔다. 그리고 오빠도 나에게 빌린 돈을 갚으려고 노력했고 신용을 잃지 않으려고 애쓰는 모습이 보여 더 마음이 풀어졌다. 오빠가 나에게 섭섭하게 했던 행동들이 조금씩 용서가 되었다.

## 상처를 버리는 법, 용서를 선택하기

용서의 사전적 정의는 이렇다.

'지은 죄나 잘못한 일에 대하여 꾸짖거나 벌하지 아니하고 덮어 줌'

그럼, 반대로 용서하지 못한다는 것은 어떤 뜻일까?

노구치 요시노리 작가는 책 〈거울의 법칙〉에서 이렇게 말했다.

과거에 집착하여 누군가를 책망하는 마음 상태.

이 책은 용서에 관한 이야기이다.

주인공 41세 주부 에이코는 아들 유타 때문에 고통스러운 날을 보냈다. 아들이 친구들에게 왕따를 당함에도 엄마에게 도움을 요청하지 않고 혼자 힘들어하는 것을 보면서 아무것도 도와줄 수 없어 무력감에 빠진 어느 날, 그 원인이 에이코 자신이 아버지를 용서하지 못하고 판단하고 있었다는 것이 원인일지도 모른다는 남편 친구의 조언을 듣는다. 그리고 제안을 받는다. 아버지를 용서하고 감사의 마음을 전하도록.

비록 마음에서 우러나지 않더라도 형식적이라도 그렇게 해볼 것을 권유받고 용기 내어 시도한다. 뜻밖에 억지로 한 그 행동으로 수십 년간 응어리졌던 아버지와의 관계가 극적으로 회복되고 그 결과 아들도 친구들과의 관계에 작은 실마리가 보이면서 엄마인 에이코와의 관계에도 진전이 생기는 그런 내용이었다.

결국 용서하지 못할 때 그것이 우리의 삶을 묶고 또 다른 고통으로 데리고 가는 것이구나 하고 느꼈다.

그동안 상처받고 산 것도 억울한데 다시 그 상처로 남은 인생을 고통 속에 살아간다는 건 더 억울한 일이다. 그럼에도 많은 사람이 그렇게 선택하고 불행하게 살고 있다.

나는 여러 책에서 보았던 용서의 유익을 생각하면서 그 길, 사는 길로 따라가기로 했다.

용서가 영어로는 forgive인데 이 뜻 중에는 (빚을) 탕감한다는 뜻도 있다고 한다. 앞에 센터로 의뢰된 남자분처럼 누구에게 돈을 빌려주고 되돌려 받지 못해 고통받고 계실까? 내가 당해 보지 않아 어떻게 그 억울하고 분한 감정을 알 수 있을까? 그런데 나를 위해 용서하고 탕감해 주자.

받을 수 있는 돈이면 당연히 받아야 하겠지만, 그러지 못한다면 잊어버리자. 다른 누구 때문이 아니라 나 때문에. 나와 우리 가족이 다시 살기 위해서. 내가 행복해지기 위해서 말이다. 그리고 길을 찾자.

마찬가지로 상처도 그렇다.

상대방이 자기 잘못을 인정하고 나에게 용서를 빌면 용서해 주기 수월하고 나도 다시 시작해 볼 마음이라도 가져 보겠지만 그런 일이 생기지 않으면 얼마나 억울하고 분할까?

그렇지만 이제 더 억울해하지 말고 나를 위해 그 사람을 용서하고 상처 준 것을 탕감해 주자. 오직 나의 소중한 인생을 위해서 말이다.

용서 VS 증오

"용서는 한 번만 하면 되잖아.

누군가를 증오하려면 하루 종일,

매일매일 평생을 해야 해

나쁜 생각들을 계속 떠올리면서. 그게 더 힘들지."

- 영화 〈파도가 지나간 자리〉

어느 책에서 본 인상 깊은 문구라 사람들에게 여러 번 인용했다.

용서는 나를 위해 하는 것이다. 여러분 자신을 위해 용서를 늘 선택하시길. 그래서 과거에 묶이지 않고 자유로워지시길 진심으로 빈다.

# 건강한 삶의 방향 전환
## * 다이어트

### 허전함을 먹는 것으로 채웠던 어린 시절

나는 먹는 걸 좋아한다.

우리 집은 내가 아주 어릴 적에 술장사를 했는데 제법 규모가 큰 술집이었다. 언니들에 웨이터, 베이스 기타, 키보드. 트럼펫을 연주하는 밴드도 있었다. 집에는 콜라, 사이다가 박스로 있었다. 그때는 흔하지 않은 바나나, 파인애플, 쥐포, 골뱅이, 메뚜기 튀긴 거, 마른오징어, 바나나 말린 것, 땅콩, 그리고 예쁜 후르츠 종류 등 집에는 과일과 마른 안줏거리가 늘 있었다.

부모님은 저녁이 되면 가게 나가시고 집에는 어린 나와 오빠 단둘이 있었는데, 그 허전함을 텔레비전을 보며 먹는 것으로 풀었던 것 같다.

그래도 어릴 때는 마르기도 했고, 얼굴에 마른버짐도 생겨 지나가는 아저씨가 영양이 좋지 못해서 그렇다며 잘 먹으라고 걱정해 주시는 이야기도 해주셨다.

키는 큰 편이어서 초등5~6학년 때 중고등학생이라고 오해도 받았다. 아무리 먹어도 항상 표준 체중이었는데 어느날인가부터 살이 찌기 시작했다.

고등학생이 되니 아침부터 저녁 야간자율학습까지, 밤 10시 야간자율학습을 마치면 독서실로 직행, 앉아서 졸다가 새벽 1시에 자고 아침 6시에 기상하는 패턴으로 하루 종일 앉아 있고 저녁으로는 컵라면을 매일 먹다시피 하니 살이 절로 쪘다. 그래도 대학에 들어가니 체중이 다시 원래대로 돌아갔다.

여학생들은 외모에 관심이 많이 생기고 예뻐지려고 다이어트도 하는데 나는 외모에 별 관심이 없고 다이어트를 해야 한다고 생각하지도 않았다. 먹는 게 너무 좋았기 때문이다. 많이 먹어 날씬하지는 않았지만, 그래도 보기 싫지 않은 표준 체중은 유지했었다.

## 우울증약의 부작용, 체중증가

결혼하고 둘째를 낳고 우울증이 오면서 우울증 약을 먹

게 되었고, 증상이 좋아지면서 체중도 같이 늘었다. 우울증 약 부작용으로는 체중증가가 있는데 나도 점점 체중이 불어났다. 어느 정도 체중이 증가하면 멈추겠지 했는데, '웬걸' 체중은 멈추지 않고 계속 올라갔다.

내 인생에 다이어트는 없었다. 앞에서도 말했지만 나는 먹는 걸 엄청나게 좋아한다. 배고픈 돼지보다 배고픈 소크라테스가 낫다고들 하지만, 나는 배고픈 소크라테스도 되고 싶지 않았다. 한 끼만 굶어도 힘들었다.

정말 먹을 때 너무 행복하고 먹는 낙이 컸다. 함께 먹으면 더 행복했지만 혼자 먹어도 행복했다. 몸무게가 사정없이 늘어나니 옷 가게를 가도 기분이 좋지 않았다. 예쁜 옷은 몸에 맞지 않았고 억지로 껴입어도 영 옷태가 나지 않았다. 분명 진열해 놓은 옷은 너무 예쁜데 내가 입기만 하면 그 예쁜 핏이 어디로 실종되어 버렸다.

개그콘서트의 헬스 걸로 이름을 알리고 다이어트에 성공해 완전히 다른 사람이 된 권미진 님. 몸무게가 100kg에서 50kg대로 감량하여 많은 이슈도 되고 책도 냈다. 책 제목이 〈성형보다 예뻐지는 다이어트〉이다. 이후에도 책을 낸 거로 안다.

여자는 다이어트가 최고의 성형이라고 하는데 정말 살이 빠지니 너무 예쁘고 책을 내서 다른 사람들을 동기 부여하는 모습이 보기 좋았다.

그 책을 읽으면서 도전받고 부러웠으나 그렇게 살 빠져서 좋겠다고 부러워만 하고는 끝이었다.

## 과거는 과거. 현재가 내 모습.

지나가다 거울을 보노라면 뚱뚱한 몸매의 볼품없는 아줌마가 서 있는 거다. 그러면 나는 부인했다. '저 모습은 내가 아니야'라고. 거울은 찰나에 지나치니 그렇다 치고, 근무 중 행사나 홍보, 회의, 결과 보고를 위해 사진을 찍어야 하는 상황이 많았는데 그때마다 다른 선생님들과 너무 비교되는 거였다. 날씬하고 옷도 예쁘게 잘 입는 선생님들에 비해 내 모습은 매력이라고는 전혀 없는 뚱뚱한 아줌마 그 자체였다. 그러니 사진 찍기도 싫고 어디를 가나 내가 너무 초라해 보였다. 체중계에 올라가면 더 스트레스 받아서 올라가지 않았고, 몸무게가 많이 나가니 배가 더 자주 고프고 밤에도 허전해서 더 음식을 찾게 되었다.

이런 악순환이 반복되는 즈음에 신랑한테 충격적인 이야기를 듣게 된다. 늘 "수경이가 제일 예뻐, 어디를 다녀도 수경이 같은 여자가 없다, 김태희 보다 수경이가 더 예뻐." 하루에도 몇 번씩 사랑한다고 고백해 주던 남편이었다.

그 남편의 입에서 어느 날,

"수경아, 또 먹나? 진짜 너무 먹는다."

"요즈음 널 보면 돼지 같아, 이제 고만 좀 먹어."

그동안 나의 모습을 보며 애써 부인했건만, 신랑이 날 보며 돼지 같다고 이야기 한 건, 정말 충격이었다. 어떻게 그렇게 말할 수 있냐고 남편에게 되물었고 수경이 건강이 걱정되어 그렇다며 다른 뜻은 없었다고 사과했지만, 영 기분이 풀리지 않았다.

그렇지만 그것도 잠시, 나는 또다시 낮에도 밤에도 먹고 싶을 때는 언제든지 먹었다. 이런 상황에서도 다시 입에 음식을 쑤셔 넣는 나를 한심하다고 생각하면서도 먹는 게 절제가 되지 않았다.

## 초대장

많은 날 음식을 절제하지 못하고 나날이 증가하는 체중과 먹으면 먹을수록 더 갈급해지는 식욕을 주체할 수 없는 시기에 어느 날 날아 온 문자 한 통, '놀라운 변화를 경험하게 될 것입니다'라는 다이어트 캠프 안내문.

처음에는 '뭐 이런 게 다 있어?' 하고 지나쳤으나 안내 문자가 몇 차례 더 오면서 문자를 찬찬히 보게 되고 또다시 보게 되고.

'이렇게 음식을 절제하지 못하는 나도 변화할 수 있을까? 이게 진짜일까?'

'설마 여기 참여한다고 되겠어? 에이, 돈만 버리는 것 아냐?' 하고 의구심이 들었지만 '그래도 혹시 되지 않을까? 나도 정말 이참에 살을 뺄 수 있으면 좋겠는데.'

의심에서 조금씩 기대하는 마음이 생기면서 '일단 가보자!'로 결정하고 캠프에 등록하게 된다.

TV에서처럼 합숙하는 캠프는 아니었고, 총 8주 과정으로 캠프 개회식과 폐회식 2번만 서울에서 모이고 카톡방에서 질문, 문의 그리고 다이어트 일지, 사진을 매일 올리도록 과제를 주었다. 자신의 조별 사람들과는 일주일에 한 차례씩 만나 서로의 어려움을 나누고 정보도 공유하며 동료애를 쌓게 하고, 조별 미션을 주어 시상도 하는 등 지치지 않고 재미있게 다이어트를 해나가는 방식이었다.

이 캠프에 참여한 나는 어떻게 되었을까? 체중감량에 성공했을까?

## 내 생애 첫 다이어트

나는 이 8주의 기간 동안 7.5킬로그램을 감량했다. 내 평생 다이어트로 살이 빠진 경우는 처음 있는 대박 사건이었다. 살이 빠지면서 허리의 라인이 다시 드러났고 실종되었던 쇄골도 '저 여기 있어요' 했다. 살이 쪄서 꽉 끼였던 옷들이 조금씩 헐렁해지면서 여자로서의 정체성도 조금씩 회복되었다. 사람들이 "얼굴이 투명해졌어요, 피부가 좋아졌어요. 살 빠졌죠? 예뻐졌다."

지나가며 한마디씩 해주었다.

가고 싶지 않던 옷 가게에 가고 싶어졌고, 그동안 관계를 끊었던 체중계와도 하루 3~4차례 올라가며 관계를 회복했다. 무심한 두 아들도 눈치챘다. "엄마 살 빠졌어?"

살아오면서 먹는 것에서만큼은 한 번도 절제하지 않은 나였기에 내 다이어트의 성공은 누구보다도 내가 더 놀라고 나에게 많은 깨달음을 주었다. 이쯤에서 여러분에게도 조금이라도 도움이 될 것 같아 나의 다이어트 성공의 원인을 살펴보면 좋겠다.

### 1. 동기부여

캠프 개회식이 열리던 날, 무대 위에는 뚱뚱하고 편안하다 못해 무기력한 사람의 얼굴과 날씬하고 멋진 활기찬 모습의 사진을 교차하여 보여주었다.

그런데 그 인물이 동일 인물이란다.

소위 다이어트 비포 사진과 애프터 사진이었는데 정말, 동일 인물인지 모를 정도로 극적이었다.

중년에서 청년으로, 아줌마에서 커리어우먼으로, 아주 어릴 적에 보았던 요술공주 밍키처럼 '뿅'하고 변한 그분들을 보면서 가슴속 깊은 곳에서부터 희망이라는 단어가 올라왔다.

"그래! 나도 할 수 있어!, 그래! 나도 뺄 수 있어!"

"해보는 거야."

그분들의 극적인 변화를 영상과 실제 모델을 보면서, 나에게 동기부여를 일으켜 주었다.

### 2. 왜 다이어트가 필요한가? (목표)

그 개회식에서 가장 인상 깊었던 것은 다이어트의 뜻이었다.

다이어트는 단지 굶는 게 아니란다.

다이어트의 어원은 To lead one's life란다. 누군가의 삶을 올바른 방향으로 이끈다는 뜻이다.

어원이 이렇게 멋있었나?

단순히 굶어서 살을 빼는 것이 아니라 올바른 삶의 방향을 가지고 건강을 지키고 유지하는 그것이 다이어트의 목표라고 하였다.

### 3. 내가 당 중독자?

그리고 깨닫게 된 건 내가 당 중독, 탄수화물 중독자라는 사실이었다.

'중독'이라고 하면 흔히 알코올 중독을 떠올리게 되고 알코올 중독자의 뇌나, 마약 중독자의 뇌는 뇌 자체가 변하기 때문에 자신의 의지로 조절되지 않는 질병이다. 마찬가지로 당 중독도 마약(헤로인)만큼이나 중독성이 강하다고 한다.

### 4. 다이어트의 식이

그래서 2주 동안 당과 탄수화물 섭취를 극도로 제한하는 식이를 권장했다.

알코올 중독 환자들도 술이 조절이 전혀 되지 않으면 입원 치료를 권유한다. 강제적으로 술을 마실 수 없는 환경을 조성해 주기 위함이다. 2주 동안 당과 탄수화물을 제한하여 악순환에서 선순환으로 리셋해준다. 당을 태우는 몸(당 대사)에서 지방을 태우는 몸(지방 대사)으로 전환해야 건강하게 살이 빠진다. 그러기 위해서 좋은 지방을 충분히 섭취하고 순 탄수화물의 양을 줄이는 것이 필요하다. 적당량의 좋은 단백질을 섭취하고 담 함량이 낮거나(4g) 없는 것으로 음식을 섭취한다.

### 5. 다이어트 캠프 동안 내가 깨달은 지식

많이 먹던 사람이 점심만 먹고 아침, 저녁으로 가볍게

먹으니, 한주에 체중이 1.5kg이 빠졌다. '와우! 이대로 가다가는 체중이 10kg 넘게 빠지겠는걸' 이렇게 기대했는데 내 예상처럼 그렇게 되지는 않았다.

하향곡선으로 체중이 감량될 것 같지만 체중은 계단식으로 빠졌다. 감량되고 정체되고 다시 좀 감량되고 정체되는 식의 패턴으로.

배가 고파 힘들 줄 알았는데 딱 3일이 지나고 나니 그것도 서서히 적응되었다. 그 패턴에 적응되자 시도 때도 없이 먹고 싶었던 음식 욕구가 현저히 줄어 들었다. 직장에서 사람들이 내 앞에서 피자, 치킨을 먹어도 크게 먹고 싶지 않았다. 나도 신기했다.

회식에 가도 고기 종류와 반찬 종류로 먹고 밥은 거의 먹지 않았다. 그런데도 살이 '쏙쏙' 빠졌다.

처음 2주 동안은 주최 측에서 운동도 권유하지 않았다. 운동하면 배가 허기져 더 식욕이 당긴다고 2주 후부터 운동을 시작하라고 권유받았다. 유산소 운동뿐만 아니라 근력운동도 하도록 했다. 근육이 생겨야 같은 양을 먹어도 살이 덜 찐다. 그런데 나는 다이어트 기간에 크게 운동하지 않았음에도 살이 잘 빠졌다.

음식을 씹는 동안 되도록 천천히 먹도록 노력하였다.

인스턴트 음식을 먹지 않으니, 그리고 짜고 단 음식은 피하게 되니 음식 본연의 맛을 조금씩 알아가기 시작했다.

"채소 맛이 이렇구나, 이 채소는 이런 맛이었네."

어린아이가 새로운 이유식을 먹으면서 음식 맛을 알아가듯, 각종 조미료와 인스턴트에 길든 내 혀가 음식 본연의 맛을 느끼게 되었다.

음식을 적당히 먹으니 더 맛있고 포만감과 함께 만족감도 컸다.

커피는 아메리카노로 즐겼는데 방탄 커피라는 걸 알게 되었다. 버터를 10g 따뜻한 아메리카노에 녹여 마시면 에너지원이 되면서 배도 덜 고프고 풍미도 좋았다. 부드러운 버터 맛이 느끼할 것 같지만, 생각보다 색다르면서 매력적이었다.

## 다이어트 일지

확실히 일지를 쓰거나 매일 체중을 체크하고 기록하는 건 도움이 되었다. 매일 점심 인증사진도 카톡으로 날려 서로가 감시자 역학을 해주었다.

누가 뭐라고 해서가 아니라 사람들에게 보이려고 하니 아무래도 혼자 그냥 먹던 음식 습관이 조금씩 잡히는데 도움이 되었다.

아보카도 오일, 올리브 오일, 코코넛 오일 여러 종류의 좋은 오일이 있다는 것을 처음 알았고 처음 맛봤다.

버터와 자연치즈의 종류가, '이렇게 많구나' 하고 알게 되었다. 맛도 좋고 건강에도 좋았지만 역시 가격은 비쌌다. 우리나라의 국산 들기름은 좋은 오일이면서 외국산의 오일에 비해 가격은 더 저렴했다.

식품을 살 때는 꼭 성분표시를 보고 사게 되었다. 세계보건기구가 정한 성인 1인당 당 권장량은 25g 이하이다. 탄산음료 한 캔에는 당 함량이 35g이 넘어 탄산음료 하나만 마셔도 그날 하루의 권장량은 오버된다.

내가 놀랬던 건, 밥 한 공기는 당질이 66g 이상으로 이는 각설탕 18개와 맞먹는다고 한다. 반면 스테이크에는 당질 1g 미만으로 이는 각설탕 1/3개이다. 탄수화물이 왜 살이 찌는지 알게 되었다.

## 진정한 다이어트

나는 이 다이어트 기간인 8주 동안 7.5kg을 감량하고, 연이어 8주를 더 참여하게 되었다.

그리고 이 4개월 동안 총 14kg을 감량하게 된다.

이 몸무게는 내가 결혼하기 전 몸무게다.

다이어트를 통해 깨달은 건 나도 할 수 있다는 거, 마음을 먹지 않아서 그렇지 마음만 먹으면 해낼 수 있다는 거. 우리 다 그렇지 않나? 마음만 먹으면 할 수 있다는 거. 단지, 마음먹기가 싫어서 문제지만 말이다.

세계에서 가장 영향력 있는 여성 중 한 명인 오프라 윈프리, 그녀는 부와 세계적인 명성을 얻었음에도 실패한 게 있다. 그건 다이어트.

그 오프라 윈프리가 해내지 못한 걸 내가 해냈다! 그리고 내 인생도 다이어트가 필요하다는 것을 깨달았다. 과잉은 줄이고 결핍은 채우고.

모든 것을 적당히, 삶의 균형을 채워나가는 게 무엇보다 중요하다는 것을 배웠다. 그리고 이 다이어트는 평생, 꾸준히 실천 해야 하는 것도 말이다.

# 새로운 모험
## \* 직장 이직

### 설레는 첫 직장생활

간호대학을 졸업하고 입사하게 된 곳은 정신과 병원이었다. 간호학과를 가게 된 건 취업이 잘 된다며 부모님의 권유로 지원하게 되었다. 적성에는 맞지 않았다. 나는 아픈 사람 보는 게 힘들다. 사람이 죽는 것도 무섭고 일단 피가 무서웠다.

간호대학 실습 중, 응급실에서 실려 들어온 사람들을 보면 내가 더 당황하고 사람들이 잘못될까 봐 겁이 났고 병동에 암으로 죽어가는 환자들과 그 옆에서 병간호하는 보호자를 볼 때는 내 마음도 같이 힘들었다. 하지만, 정신과 실습할 때는 달랐다. 일단 아파서 누워 있는 사람이 없고 다 멀쩡히 병동을 돌아다녔다.

실습 중에 내가 본 환자들은 다 말도 잘하고 "학생 집이 어디예요?", "나이는 올해 몇 살이에요?", "남자 친구는 있어요?" 늘 궁금해하며 따라다니며 말을 걸어 주었다. 같이 대화하며 웃고, 그림 그리고, 탁구를 재미있게 치기만 하면 되니 너무 좋았다.

그래서인지 정신과 병원에서 간호사 면접을 보고 입사하게 되었을 때 큰 부담 없이 근무할 수 있었다.

내가 다녔던 정신병원에는 5개의 병동이 있었다. 2병동은 남자 병동, 3병동은 여자 병동, 5, 6, 7병동은 남녀 혼합 병동이었다. 그 당시 우리나라에서 입원환자 수로는 제법 큰 병원에 속했다. 병원 안에만 있어도 사계절의 뚜렷한 변화를 감상할 수 있는 정말 자연이 아름다운 곳이었다. 봄이 되면 병원 주변으로 진달래, 개나리, 벚꽃, 아카시아, 이름도 다 알지 못하는 꽃들이 아름다운 옷을 입고 향긋한 꽃내음으로 내 마음을 설레게 하고, 여름이면 싱그러운 색깔의 푸른 나무의 초록이들이 내 마음을 정화해 주었다. 가을이면 시원한 가을바람과 노란 잎의 은행나무, 곱게 물든 단풍을 보며 나로 하여금 모든 것을 사랑하고 싶게 만들었고, 겨울이면 온 세상이 눈으로 하얗게 뒤덮이는, 그리고 온 병원이 크리스마스트리로 반짝반짝 빛나는 그곳을 나는 참 사랑했다.

출근하면 얼마나 재미있던지, 나는 재미있어서 즐겁게

일하는데 월급까지 주니 그게 너무 신기하고 감사했다. 내가 병원에 출근하게 되니 부모님이 너무 좋아하셨다. 딸이 어엿한 직장인이 되니 무척 자랑스러우신가 보다. 여기저기 자랑을 하고 다니셨다.

병원 셔틀버스로 출근했고 출근을 하면 우리 환자들이 항상 병동으로 들어오는 간호사들을 쳐다보셨다. 간호사들도 대부분 나이가 어렸고 자유로운 사복에 예쁜 머리핀, 화사한 화장을 하는 그 모습이 예뻐 보였나 보다.(여자 환자들이 예쁜 옷이며 화장에 훨씬 관심이 많으셨다.) 특히 예쁘고 참한 간호사들이 근무하는 duty에는 간호사실 앞에 남자 환자분들이 더 자주 들락이셨다. 어딜 가나 남자들은 예쁜 사람들을 좋아한다. 남자들은 예쁜 여자들을 좋아한다고 하니 예전 정신과 의사 선생님이 말씀하셨다. 자기 눈에 예쁜 여자를 좋아한다고. 그 말이 참 좋게 들렸는데 아무리 봐도 그냥 예쁜 여자들을 좋아하는 거였다.

나는 밤잠이 많아 밤 근무를 좋아하지 않았지만, 때때로 컨디션이 괜찮은 날에는 모두 잠든 고요한 밤에 간호사실에서 홀로 앉아 나의 미래를 떠올리며 공상하거나, 조용히 책 읽는 그 시간이 좋기도 했다. 특별히 미래에 관한 생각은 '언제 나는 좋은 남자를 만나게 될까?'로 많은 시간을 할애한 것 같다.

## 내가 사랑한 환자들

―

그러다 새벽녘이 되어 창문을 내려다보면 신선한 새벽 공기, 새들이 지저귀는 소리, 그리고 조금씩 밝아오는 동트는 새벽 기운이 참 좋았다.

'아! 또 하루가 시작되는구나!'

캄캄한 어둠이 떠나가고 그 공간에 다시 아침 해가 어김없이 떠오르는 건, 언제나 희망적이었다. 아침 6시가 병동 기상 시간이었는데 대부분은 불이 켜져야 일어나는데 우리 김장수 님은(가명) 새벽 5시 30분에 일어나 간호사실 앞으로 와서 제일 먼저 인사를 했다. 내가 커피포트에 물을 받아 오려고 하면, 어디선가 달려와 자기가 받아 오겠다고 커피포트를 후다닥 가지고 간다.

김장수 님은 그 당시 40세가 넘었고 지적장애로 말을 잘하지 못하는 분이셨다. 다리 한쪽도 절뚝거리며 걸었다.

오늘도 김장수 님의 똑같은 일상이 되풀이된다.

새벽 일찍 일어나자마자 간호사실 앞으로 와 잠을 깨우려는 듯, 눈을 비비고 손을 들어 인사를 한다. 그러고는 '뭐 할 게 없나!' 하고 소파 앞에 앉아 있거나 창문에 붙어 서서 내가 일하는 모습을 지켜보았다.

나는 그 모습이 귀여웠다. 아이같이 순수해서.

나는 움직이는 걸 별로 좋아하지 않고 굳이 이른 새벽에 일어나지 않는 데에 반해, 우리 김장수는 매일 새벽 일찍 일어나 자기가 해야 할 일을 찾고 도와주려고 하니 참 좋았다. 비록 지능지수는 나보다 낮았지만 나보다 훨씬 부지런해서 그런 점이 부러웠다.

이 영국(가명) 님은 항상 웃는다. 깊은 대화를 하면 참 엉뚱한데(지리멸렬해짐) 그냥 지나갈 때는 그분만큼 내 기분을 풀어주는 사람도 없다.

"간호사님! 힘내세요! 힘내는 거예요. 알았죠? 파이팅!"

기승전결, 이 말만 늘 나에게 해주었다.

그 당시 나는 엄마가 아프셔서 마음이 늘 힘들었는데 이영국 님이 이렇게 이야기해 주면 웃음이 나면서 왠지 힘을 내고 싶었다. 늘 웃으며 힘내라고 하는 말은 이분의 증상이기도 했지만, 이영국 님의 이 말이 나에게는 힘이 되었다.

(노래) 아빠 힘내세요! 우리가 있잖아요

이 노래가 나오기 전이었다.

이 노래로 얼마나 많은 아빠들이 힘을 얻었나? 그만큼 언어에는 힘이 있는 거 같다. 그 환자분을 떠올리면, 내 머릿속에 한 번씩 그 응원의 말이 들린다.

"간호사님 힘내세요! 알았죠? 파이팅!"

정 미영(가명) 님은 그 당시 60대의 여자분이셨다.

나이에 비해 흰머리가 거의 없는 여자분이셨는데 곱슬파마머리에 굉장히 체격이 건장했다. 우리 치료진에게는 한없이 다정하고 따뜻한 분이셨으나 남자 환자 여자 환자가 같이 붙어 다니면. 특히 여자 환자가 남자 앞에서 꼬리친다고 느끼면 그 꼴을 가만히 두고 보지 않으신다. 매의 눈으로 무슨 짓을 하는지 감시하셨다.

예전 남편분이 바람이 나면서 이혼하신 걸로 아는데 그 여파인지 유독 남녀관계에 예민하셨다. 경우에 어긋나는 여자 환자에게도 얼마나 단호하던지. 우리에게 말할 때랑 그때랑 목소리 톤이 완전히 달라지며 범접할 수 없는 권위(?)가 있었다.

눈빛과 목소리를 내리깔고서는 "저리 가라우! 이게 어디서…"

식사하고 오면 어김없이 간호사실을 지나가며 "간호사님 식사하셨습니까? 저 식당 다녀왔습니다" "헤헤" 하고 웃으며 지나가신다. 잇몸까지 웃으며, 목소리는 하이톤에 가는 목소리, 병실로 들어가자마자 무릎을 꿇고 두 손을 모으고 기도하셨다. 무슨 내용으로 기도하시는지는 모르겠으나 정말 공손히 기도하셨다. 아마 감사 기도였으리라 식사 잘하고 왔다고.

식사때마다 그렇게 무릎 꿇고 기도하는 모습을 보며 나는 또 생각했다.

'나보다 훨씬 믿음이 좋으신걸.' 비록 질환은 있으시지만 진심이셨다. 하나님에 대한 믿음이.

나는 정미영 님을 참 좋아했다. 라운딩하면 간호사님 피곤하지 않냐고, 언제나 걱정해 주시고 인정스럽게 표현해 주셔서. 사투리를 쓰셨는데 그것도 정감 있고 좋았다. 정미영 님은 알코올 환자분에게 '오빠'라고 따르며 딱 붙어 다니는 여자 환자(그분도 알코올 문제로 들어오심)를 정말 싫어하셨는데, 그 여자 환자에게 한 번씩 위협적인 눈빛을 보내셨다. '너 행동 조심해' '내가 지켜보고 있어'하는 눈빛으로.

하루는 환자분들이 간호사실에 종이 뭉치를 들고 오셨다. 알고 보니, 정미영 님이랑 같은 병동에 못 있겠다며 정미영 님을 다른 병동으로 보내달라는 탄원서였다. 알코올 문제로 입원하신 환자분이 다른 환자들을 설득해 받아 온 동의서와 함께.

보통은 알코올로 입원하신 환자 외에는 뭔 내용인지도 모르고 동그라미 치라고 해서 치는 경우가 대부분이었다. 이 탄원서를 본 병동 과장님이(정신과 의사) 심각한 표정으로 병동 환자들을 다 모아 달라셨다. 병동 환자들이 휴게실에다 모이자, 병동 과장님이 말씀하셨다.

"오늘 이렇게 탄원서를 써서 오셨더라고요. 저는 그렇거든요. 비록 아프셔서 여기 병원에 오셨지만 때로는 누님 같고 삼촌 같고 여동생 같고 저는 여러분들이 가족 같거든요. 그런데 오늘 이렇게 누가 마음에 들지 않는다고 같이 못 있겠으니, 누구를 전동시켜달라고 요청하셔서 제 마음이 참 슬펐어요. 여러분들은 가족이 마음에 들지 않는다고 우리 집에서 나가게 하고 다른 곳에 보내시나요?"

순간 정적이 흐르면서 다들 조용해졌다. 병동 과장님의 말씀을 듣고 감동을 받았다. 그러고 보니 나도 그랬다. 환자분들이 때로는 이모 같고 옆집 아저씨 같고, 사촌 여동생 같고. 나도 그분들이 가족처럼 느껴졌다.

매스컴에는 정신질환자들에 대해 무섭게 말하기도 하지만 약을 드시며 치료를 받는 우리 환자분들은 누구보다도 착하고 선한 분이었다. 병동 과장님의 말씀을 들으며 조용해지고 누구 하나 따지거나 하는 분이 없었다. 그렇게 그날 일은 아무 일도 없었던 것처럼 마무리되었다.

나는 우리 환자들이 참 좋았다. 이후 병원에서 퇴사하고 나서도 꿈속에서 병동 라운딩을 돌며 다닐 정도로.

나에게는 거기가 제2의 집이었다.

### 추억의 병원 생활

병원에 있으면 체육대회가 봄, 가을에 있고, 크리스마스 때는 크리스마스 행사, 그리고 입원해 있는 환자들이 사회에 나가서 다양한 문화 체험을 할 수 있는, 쉽게 말해 소풍과 같은 사회적응 훈련까지 1년이 바쁘게 그냥 지나갔다. 때때로 어버이 행사, 노래 경연 대회 그리고 외부 초청 공연까지.

여러 행사들을 치르게 되면 많은 생각들이 오간다. 전혀 생각하지 못했던 환자들의 장기를 발견하기도 하고 '00 님이 달리기를 저렇게 잘했나?'

'춤을 정말 잘 추시네!' '앗 노래 정말 잘하신다. 감정도 풍부하고'

병동 합창 경연 대회 중, 약 부작용으로 악보를 들고 있는 손이 심하게 떨리는 환자분을 보면 '울컥'하면서 안쓰러운 마음이 들었고 춤을 익살스럽게 추거나 능청맞게 연기하면 배꼽을 잡고 웃었다. 직접 작사, 작곡하고 기타를 잘 치는 남자 간호사의 음악을 들으면 그 재능에 감탄하기도 했고, 게임에서 이기기 위해 의사 선생님들의 몸을 사리지 않는 승부욕을 보면 인간적이라 느껴져 좋았다.

대전 한밭 수목원, 서울 경복궁, 남산 타워, 대구 허브힐즈, 대전동물원, 구미 금호산 랜드 여러 다양한 곳을 방문하면서 아이들처럼 좋아하는 환자들 틈에 나도 함께 아이가 되어 그 시간을 즐겼다.

크리스마스 때는 병동 별 축하 발표가 있어 거의 한 달

동안 환자들과 연습해 무대에 오르기도 했다. 어떤 해는 댄스곡, 어떤 해는 노래, 또는 뮤지컬 공연, 무언극, 블랙라이트 공연, 퇴근도 하지 않고 컵라면 먹으면서 연습한 기억이 난다. 근무한 연수만큼 발표한 경험도 쌓여가고 우리들의 추억들도 쌓여갔다.

크리스마스 때는 병동 꾸미기가 있어 12월만 되면 각 병동 별로 트리를 장식한다. '반짝반짝' 빛나는 전구를 달고 빨간 리본, 황금색 볼, 선물 꾸러미도 만들어 밑에 진열하고 병동 창문, 게시판에 크리스마스와 관련된 그림, 꾸미기를 한다고 바빴다.

입사 후 처음 몇 해 동안은 저녁에는 병동 발표 연습, 그리고 새벽까지 꾸미기를 한다고 병동 간호사들과 함께 퇴근도 하지 않고 컵라면을 먹으며 새벽을 지새웠다.

그때는 젊었고 열정이 있었다. 지금이야 직장인들이 시간외 근무는 다 시급으로 계산해달라고 하겠지만, 그때는 애사심에 늦게 퇴근해도 내가 좋아서 하니 거니까 행복했다. 그렇게 한 해 두 해 지나다 보니 어느덧 병원 20년 차가 되었다.

많은 환자와 치료진들을 만났고 여러 다양한 일도 겪었다. 좋을 때도 있었고 슬플 때도 있었고 기뻤을 때도 있었고 행복했을 때도 있었고 부끄러울 때도 있었고, 섭섭할 때도 있었다, 그곳에서 희로애락을 경험했다. 20대 초반에 병원 입사했던 나는 어느덧 40대 초반이 되어 있었다.

## 신랑의 이직, 그리고 나의 결심.

병원에 근무하면서 부모님이 아프셨고 돌아가셨다. 장례식 때 많은 병원 가족이 달려와 주었고 부모님 병상에서 병간호할 때도 직원들이 돌아가며 병문안을 와주었다. 다른 간호사들 결혼할 때 동료 간호사들과 함께 축가를 불러주며 축복해 주었고, 내가 결혼할 때 그 축하를 되돌려 받기도 했다.

한 병동에서 나는 수간호사로, 그는 병동 과장으로 4년 가까이 함께 근무했던, 내가 존경했던 서울대 의사 선생님은 내 결혼식을 축하해주기 위해 서울에서 먼 길을 마다하지 않고 와주셨다. 병원에서 근무하면서 사랑하는 사람과 결혼하고 두 아들을 둔 행복한 가정도 일구었다.

신규 간호사 때는 모든 사람에게 '천사'라고 칭찬받던 내가, 병원 입사 연차로 가장 선임자가 되어 이제는 간호부에서 쓴소리도 해야 하는 중간관리자가 되어 있었다.

병원 입장과 직원들 입장 중간에서 난처하고 힘든 순간도 생기기 시작하면서 병원 이직을 생각하게 되었다. 내 스스로 관리자의 자질이 매우 부족하다고 느꼈기 때문이다.

그즈음에 남편이 직장이직을 생각하고 이력서를 냈다.

"바쁘고 귀찮은데 이력서는 왜 자꾸 써?"

"수경아, 기회는 언젠가는 오거든…. 나도 직장 알아보고 서류 내는 거 귀찮아. 그래도 시도하다보면 내가 원하는 다른 직장으로 갈 수 있는 기회가 생길 수 있어."

나는 간호사다. 간호사가 다 그런 건 아니지만, 정보를 검색하고, 확인하는 게 귀찮다. 또 서류를 갖춰서 보내야 하는 것도 어지간하면 하지 않는다. 그런 나의 눈에는 남편이 '참 부지런도 하다, 연차는 푹 쉬어야지 그 귀한 연차를 면접 보러 가는 데 쓰고, 서류도 또 떼어야 하는데 귀찮지도 않나?' 싶었다.

어느 날 신랑이 OO곳에 서류를 냈다고 했다. 얼마 지나지 않아 서류 전형에 합격이 되었다며 기뻐했다. 최종 5명 안에 들었고 며칠이 면접일이라고 했다. 괜히 기대했다가 실망할까 봐 나는 남편에게 마음 비우고 다녀오라고 이야기해 주었다. 남편의 면접 일, 회사에 연차를 내고 오랜만에 양복을 잘 갖춰 입고, 잘 신지 않던 새 구두를 꺼내 신고 일찍 집을 나섰다.

면접은 잘 보고 있는지? 어떻게 되었는지? 궁금해하던 차에 점심 무렵 남편에게서 전화가 왔다. 무사히 면접을 마쳤단다. 고생했다고 격려하고 운전 조심해서 내려오라고 했다. 그리고 병원 근무를 마치고 집에 돌아와 보니 남편이

흥분해서 퇴근하는 날 기다리고 있었다.

"수경아! 나 합격할 것 같아, 왠지 느낌이 그래!"

면접관들이 자신을 바라보는 태도나 질문, 분위기 이런 것을 종합해 볼 때 합격할 것 같다는 예감이 왔단다.

'설마?' 했다. 수십 명이 지원했고, 한 명만 뽑는다는데. 이내 남편이 기대했다가 실망이 클까 봐, 걱정되어 다시 이야기해 주었다.

"자기야! 기대하지 말라니까, 괜히 기대했다가 안 되면 어쩌려고 그래!"

"그냥 마음 비우고 기다려!"

"그렇지? 맞다!" 말은 그렇게 했지만, 얼굴은 기대하는 눈빛이었다. 그리고 며칠 후 채용 합격 명단이 떴다. 근무 중 남편에게 전화가 왔다.

"수경아! 나 합격했어. 명단에 내 이름이 있어."

"뭐? 진짜?"

세상에, 믿기지 않았다. 너무 기쁘고 감사했다.

며칠 내로 채용 검사 서류까지 내야 최종 합격이 된다며 신체검진을 준비했다. 누가 보면 우리가 고시에 합격한 것처럼 호들갑 떤다고 할지 모르겠으나 우리한테는 고시 합격과 같은 기쁨과 기적 같은 일이었다. 당시 남편 나이가 마흔이 넘었기 때문이다.

남편이 합격했다는 소문이 돌자, 남편 직장에서 친하지

않은 다른 지역의 직장 동료들에게까지 전화가 왔다. 어떻게 가게 되었는지 경위를 듣고 싶어 했고, 그 이야기를 들은 남편의 후배도 자극받아 이후 들리는 말로는 이직을 준비하고 원하는 곳에 합격해 그 직장을 떠나게 되었다고 했다.

'시도하니까 되네. 포기하지 않으니까 되네.'

모든 사람이 시도한다고 다 되지는 않겠지만, 시도도 하지 않으면 아무것도 될 수 없다는 것을 신랑의 이직을 통해 깨닫게 되었다.

부러웠다. 나도 병원에서 오랜 세월 좋았고 감사했지만, 여러 가지 상황을 겪으면서 이렇게 정년 때까지 평생, 한곳에서만 일하다 끝내고 싶지 않다는 생각이 불쑥불쑥 올라올 때라 새로운 곳에 가게 될 남편이 더욱 부러웠다.

## 미지로의 여행-설렘과 기대는 잠시

그래서 은연중, 내 마음에도 작은 결심이 일었다.

'뭔가 다른 일이 없을까?'

'내가 잘하고 좋아하는 일, 정말 나만이 할 수 있는 일이 없을까?'

계속 고민이 되었다. 새로운 곳으로 발을 내딛고 싶었

다. 직장 생활하면서 크고 작은 고비들이 있었지만, 그동안 잘 넘겼다. 그런데 이번에는 정말 병원을 그만두기로 결심이 섰다. 그동안 반대했던 남편도 어쩐 일인지 허락해 주었다.

어디로 갈지 정해지지 않았지만, 일단 직장을 그만두고 천천히 생각해 볼 요량이었다. 그렇게 병원 사직을 결정한 날, 남편과 내가 잠자리에 들기 전 침대에 나란히 누워 이런저런 이야기를 나누었다. 이제 우리 부부 다 익숙한 환경에서 벗어나 새로운 곳으로 떠나게 된 거다. 기분이 묘했다.

걱정도 되면서 뭔가 새로운 여정으로, 미지의 세계로, 이제 나서는 느낌! 그 느낌이 두렵지만 신선하게 다가왔다. 두려움과 설렘이 교차하는 그 느낌. 그런 느낌 너무 오랜만이라 좋았다. 그렇게 나도 남편의 직장 이직을 따라 하기로 결심하고 정들었던 병원에 사직하게 되었다.

근무 마지막 날, 내 방에서 내내 울었다. 눈이 퉁퉁 부을 정도로.

그동안 20여 년 병원에서 보낸 세월과 추억들이 주마등처럼 스쳐 갔다. 별 능력도 없는 내가 한 직장에서 지속해서 재정을 공급받고 살아왔다는 것에, 과분한 사랑을 받은 것에 감사했다. 그리고 이곳에서 만난 소중한 인연들까지.

짐을 차에 싣고 마지막 퇴근하는 날, 이제는 다시 여기 올 수 없다고 생각하니 힘들었다. 그렇게 며칠 동안은 힘들었던 것 같다. 새로운 곳에, 발을 내딛고 도전하려는 생각은 좋았으나 아무 준비 없이 병원을 사직하게 되니 이후에는 생각보다 힘들었다. 집에 경제적인 여유가 있다면 1~2년 쉬면서 재 충전의 기회를 가지면 좋지만, 경제적 여유가 없는 상태에서 직장을 그만두니 바로 현실적인 문제가 코앞에 닥쳤다. 고정적으로 들어오는 월급이 줄자, 지출해야 하는 돈은 많은데 수입이 적어 생활이 힘들어지기 시작했다.

둘째가 아직 유치원생이어서 육아 휴직을 내고 쉬면서 취업에 대해 준비하고 병원을 나올 수도 있었을 텐데 괜히 직장에 피해주고 싶지 않았고 기분에 대책 없이 사직한 게 후회가 되었다. 육아 휴직 지원금 백만 원도 아쉬웠다.

그렇게 1년 정도 쉬고 다른 곳에 이력서를 내고 면접을 봤다. 면접 보는 날, 우리 가족 생계가 달려 있어서 많이 걱정되었다. 면접은 20여 년 만에 처음 보는 거라 긴장도 되었다.

"여기 들어가야 하는데, 안 그러면 우리 가족 힘들어질 텐데."

직장에 들어가는 게 간절하면서도 막상 면접을 보면서는 기가 죽고 싶지 않아 졸지 않고 당당히 말하려 노력했다.

"우리 OO에는 여자 선생님들도 한 달에 한두 번 정도 자는 당직을 해야 하는데 할 수 있겠어요?" 면접을 보면서 그곳 원장님이 질문하셨다.

지금이라면 당연히 한다고 했을 텐데, 얼마 전까지만 하더라도 중간관리자로 일을 했던 사람으로서 자존심을 죽이고 싶지 않았다.

"예 제가 해야 할 일은 열심히 할 수 있습니다. 그렇지만 아직 아이가 어려 자는 당직은 곤란할 것 같아요."

열심히 하겠지만 자는 당직은 힘들 것 같다고 정중하면서도 당당하게 말씀드렸다.

당연히 그 회사 조건에 부합되지 않는 사람을 어찌 뽑을 수 있으랴? 그곳 원장님이 말씀하셨다. "그러면 우리랑은 일할 수 없을 것 같네요."

'아~차' 싶었지만, 때는 이미 늦었다.

'아니 다시 생각해 보니 그 정도는 할 수 있을 것 같아요.'

'지금이라도 이렇게 말할까?'라고 생각했지만 그건 너무 그랬다.

내가 너무 초라해 보이는 것 같아서 싫었다. 그렇게 첫 이직의 기회는 날아갔다. 그분들 앞에서는 웃으며 당당하게 이야기했지만, 집에 돌아와서 서럽게 울었다. 괜한 자존심 부린 내가 한심했고, 앞으로 어디로 취업해야 할지? 취업은 할 수 있을지? 막막했기 때문이다.

쉬면서 마음이 많이 가난해졌다.

일할 수 있는 직장이 있다는 게 얼마나 감사한 일인지, 매달 급여가 들어오는 게 얼마나 큰 힘인지. 막상 집에서 쉬면 편할 줄 알았는데 재정적으로 압박을 받으니, 집에 있는 것도 편치 않고 시간이 있어도 가족들과 누릴 수 있는 경제적인 여유가 없으니, 그것도 힘들었다.

신랑도 슬슬 부담되는 눈치다.

물건을 살 때 가격표부터 확인하게 되었고, 조금이라도 비싸면 조용히 물건을 내려놓게 되었다. 화장품 선물을 받으면 안 그래도 사려고 했지만, 돈이 없어 미루고 있다 받은 거라 정말 고마웠고, 아이들 먹으라고 친구가 과자 선물 세트를 보내줘도 엄청나게 큰 선물처럼 느껴졌다.

돈이 없으니, 마음이 가난해졌다. 마음이 가난해서 좋은 점은 작은 것에 진심으로 감사하고 또 작은 것에 행복을 느끼는 점, 나쁜 점은 왠지 눈치 보게 되고 자신감이 없어졌다. 정말 생활이 안 될 정도로 가난하면 삶이 무너진다.

직장생활 이직에서 내가 말하고 싶은 요지는 이렇다. 여러분이 성장할 수 있는 곳에 가는 건 좋은 일이지만, 직장생활이 힘들어서 일단 직장을 그만두고 다른 데 알아보겠다고 하는 건 반대다. 지금 다니고 있는 직장에 있으면서 준비하고 다른 곳이 정해지면 나오라는 것이다.

이후 나는 다시 새 직장을 얻었다. 내가 병원 근무하면서 혹시 모를 미래를 위해 준비하는 마음으로 따 놓은 자격증이 있어 가능했다. 만약 이 자격증이 없었다면 내가 원하는 곳의 재취업은 힘들었을 것이다.

## 새로운 시대, 당신은 준비되었나요?

이제 평생직장 개념은 사라진 것 같다. 예전에야 한 곳에 오랫동안 근무한 사람을 미덕으로 봐주던 시절이 있었다. 이제 그런 시대는 아니다.

코로나 팬데믹 이후 세상이 바뀌었다. 앞으로는 더 변화가 가속화될 거라고 전문가들은 말한다. 시내를 나가보면 빈 가게들, 그리고 큰 글자로 임대라고 적혀 있는 것을 흔히 볼 수 있다.

다들 큰돈 들여 리모델링하고 기대하고 가게를 오픈하지만, 얼마 가지 않아 그곳이 다른 점포로 바뀌어 있는 것을 심심찮게 볼 수 있다. 큰 글자로 임대라고 적혀 있는 빈 가게를 볼 때마다 마음이 아프다.

이제 대면 시대가 서서히 막을 내리고 온라인 시대로 들어선 것 같다. 직장인들도 안심할 수 없다.

세계 명문대를 나오고 대단해 보이는 구글 직원도 문자로 또는 이메일로 해고 통지를 받는다고 한다. 2017년 미국의 투자 은행 골드만삭스가 600명의 직원을 한 번에 해고 하는 사례를 통해서도 보았다. 그 이유는 15명이 4주간 해야 하는 일을 켄쇼라는 AI 자동 투자 프로그램이 5분 만에 처리할 수 있게 됐기 때문이라고 한다.

식당에서는 수년 전부터 로봇들이 서빙하고 키오스크로 주문을 받는다. 고속도로 요금도 커피 매장도 어디든 키오스크로 결제하고 주문한다. 정밀 작업, 위험한 작업도 로봇들이 일을 하고, 커피 바리스타, 떡볶이 요리도 로봇이 하는 시대다. 로봇이 일을 하면 인건비를 1/3 정도로 줄일 수 있고 이들은 아프거나 쉬는 날도 없고 월급을 올려달라고 시위도 하지 않는다. 사업주 입장에서는 선택하지 않을 이유가 없다.

이런 추세는 더 빨리 더 많은 영역으로 확장될 것이다. 아르바이트 자리도 없어지고 단순 노동직 자리도 점차 줄어든다.

소위 전문 직종이라고 하는 의사나 변호사의 일자리도 위협받고 있다. AI 진단이 의사의 진단보다 더 빠르고 더 정확하다는 연구 결과가 미국 의사회 내과 학회지에 발표됐다.(2024년 4월) 그리고 방대한 자료를 순식간에 정리하는 AI 덕택에 변호사의 자리도 위협받고 있다. 이제 학벌이 있어도, 학벌이 없어도 매달 고정적으로 들어오는 직장에 다닐 보장이 없는 시대다. 이제 우리 모두 정말 준비해야 한다.

이제까지 내 스스로 직장을 이직했지만 다가오는 시대는 자의가 아니라 강제로 직장에서 퇴출당하는 시대가 곧 올 것이다.

우리는 무엇을? 어떻게 준비해야 할까?

## 삶의 쉼표가 필요할 때
## * 낯선 곳에서 아침을 맞이하라!

**세상의 모든 이들은 가치 있고 소중하다.**

―

청년 때 인도로 선교여행을 간 적이 있다.

현재는 14억 인구로 중국을 제치고 인구수로 세계 1위다. 그때는 12억이었던 걸로 기억한다.

인도 공항에 내려 버스를 타고 어느 지역으로 향했다. 한밤중이었는데 길거리 양쪽에 하얀색이 즐비하게 늘여져 있는 모습이 계속 보이는 거다. 어두워 잘 볼 수 없었는데 나중에 알고 보니 모두 사람들이었다. 사람들이 길바닥에서 자고 있어 정말 놀랐다. 차로 한참을 달렸는데 창문을 통해 길바닥에서 자는 사람들의 모습이 끊이지 않고 보였다.

어느 책에서 읽었던 대목이 떠올랐다.

'인도 여행을 하며 수많은 사람이 길바닥에 누워 있는 것을 보고 하나님께서 한 사람 한 사람에 대한 사랑과 계획이 있다는 것이 깨달아졌다.'

순간 나도 감정이입이 되어 그 길바닥에 누워 있는 한 명 한 명이 얼마나 소중한 사람들인지 깨달아졌다. 내가 소중하듯이 그들도 소중하다는 생각.

선교여행을 와서 그런지 만나는 모든 사람이 사랑스럽고 존귀하게 느껴졌다.

가난한 지역으로 가면 사람들이 너무 순수하다. 가난해서 잘 씻지 못하고 옷도 깨끗하지 않지만, 눈망울만큼은 맑고 깨끗했다. 그들의 때 묻지 않은 웃음이, 눈망울이, 그리고 그 순수한 마음이 부러웠다.

## 가난해도 작은 것에 행복을 느끼는 이들

필리핀 오지로 의료 선교여행을 간 적도 있다.

오두막 같은 집에 아이가 혼자 있었다. 열이 39도가 넘었다. 고열로 인해 아이가 숨이 차고 매우 힘들어 보였다. 함께 간 의사 선생님의 처방으로 해열제 주사를 주고 주머니에 사탕이 있어 입에 물어주었다. 열이 '펄펄' 끓는데 사탕을 빨면서 아이가 미소 지었다.

그렇게 한 시간 지나니 언제 아팠냐는 듯 아이가 밖으로 나와 힘차게 놀고 있었다. 열이 떨어졌을 거로 생각하고 체온을 재니 36.5도 정상이었다. 아이들은 사탕 하나에 행복해하고 볼펜 한 자루, 지우개 한 개, 알록달록 풍선과 색종이만 있어도 세상을 얻은 듯 행복해했다.

안아주고 웃어주면 몇 배의 밝은 웃음으로 우리에게 화답해 주었다. 하루에 한 끼를 먹는데도 아이들이 밝았다. 나는 세 끼 다 먹고 커피에 간식을 꼭 먹어도 또 무얼 먹을까 고민하는데 말이다.

왜 우리는 세 끼를 다 먹는데 행복하지 않을까? 언제든 병원에 갈 수 있고 치료받을 수 있는데 왜 행복하지 않을까?

가족이 다 함께 사는데, 월세든 전세든 누울 곳이 있고 바람 피할 집이 있는데 왜 행복하지 않을까? 참 의문이다. 선교여행에서 만난 사람들이 사랑스럽고 존귀하게 여겨지듯이 지금 내 주위에 사람들에게도 그런 시선으로 바라봐 준다면 얼마나 좋을까?

## 여행, 다시 길을 가다.

―

살다가 가끔 다시 그곳에 가고 싶어질 때가 있다.

그곳 사람들의 웃음소리, 환대, 작은 것에도 감사하고 행복해했던 그들의 모습이 참 그리울 때가 있다.

며칠 지나 헤어질 때는 서로 울었다. 다시는 보지 못하는 것을 알기에 아쉬워 나는 눈물이었으리라.

선교여행은 며칠 잠깐이었지만 그 기억은 오래오래 내 기억 속에 좋은 기억으로, 그리운 추억으로 남아있다.

낯선 곳에서 맞는 아침은 인생을 새롭게 바라봐 주었다. 그곳에서 만난 사람들, 그 환경들을 보면서 말이다.

다시 사랑해 보기로, 다시 감사해 보기로, 다시 작은 것에 행복해 보기로 그런 마음들이 샘솟게 했고 내가 사는 곳으로 돌아와 힘 있게 살아갈 수 있는 용기를 주었다.

만약 여러분도 지치고 힘들고 일을 포기하고 싶고 에너지가 고갈되었다면 낯선 곳에서 아침을 맞이해보라.

그러면 이전에는 알지 못했던 새로운 깨달음이 다시 나에게 힘을 주고 용기를 줄 것이다.

*Chapter 4*

시간, 당신의 가장 귀한 자산
―――――――――――――――――――

시간

# 언제 어디서나 할 수 있는
## 스트레스 관리법 * 심호흡

정신건강복지센터에서 스트레스 관리 교육을 할 때다. 교육자료를 만들었는데 그 교육에서 호흡을 소개한 적이 있다. 호흡, 특히 심호흡의 중요성을 알았기 때문이다.

누구나 할 수 있고 언제 어디에서나 마음만 먹으면 할 수 있는 호흡이 스트레스 관리에 굉장히 중요하다. 트라우마센터에서 듣게 된 교육, 거기에서 가장 기본적인 교육이 안정화 요법, 심호흡이었다.

호흡이 뭐 그리 도움이 될까 싶었으나 실제 재난 현장이나 트라우마센터에서 가장 기본적으로 심호흡을 하고 있었다. 뇌 단층 촬영에서도 그 효과가 입증되었다. 이후, 지나명 교수의 책 〈본질 육아〉, 〈코어 마인드〉, 손기철 박사의 〈킹덤빌더 라이프 스타일〉, 김주환 교수의 〈내면 소통〉이라는 책을 통해서도 심호흡이 신체와 정신 건강에 유용하다는 것을 알게 되었다. 그리고 미국 특수부대 네이비실 대원들의 이야기는 실제 적용한 사례여서 더 마음에 와닿았다.

호흡에 관한 중요성에 관해 책 내용을 정리해 보았다.

### 〈킹덤빌더 라이프 스타일〉 - 손기철 박사

평상시 건강한 상태에서 질병을 유발하는 데 가장 큰 영향을 미치는 것은 바로 혈관계와 면역계이다. 혈관계가 온전치 못하다는 것은 신체의 부분에 양분이 제대로 공급되지 못한다는 것이며, 자체 방어 시스템인 면역력이 떨어진다는 것은 각종 질병으로부터 우리 몸을 보호해 주지 못한다는 것이다. 근본적으로 이 두 가지가 정상적으로 작동하지 않는 것이 만병의 근원이라고 볼 수 있다.

그런데 놀랍게도 이 두 가지는 모두 자율신경계의 조절에 의해 관리된다. 자율신경계는 교감신경과 부교감신경으로 이루어져 있는데 이 두 신경의 균형으로 혈관계와 면역계가 조절된다. 더욱이 이 자율신경계는 마음과 뇌의 영향을 받는다.

자율신경계의 교감신경은 주로 긴장되거나 스트레스를 받을 때 활성화되고(활동 모드) 부교감신경은 편안할 때 활성화된다. (휴식모드) 스트레스를 받으면 자율신경계의 교감신경이 지나치게 높아지고 그 결과 혈압 상승, 혈관수축, 혈관 내벽의 손상, 혈액순환 악화, 혈전 발생, 혈관 노화 등이 일어난다.(생략) 수많은 질병이 초래되는 근본적인 원인은 자율신경계의 균형이 파괴되기 때문이며 다른 말로 교감신경과 부교감신경의 균형이 잘 유지되지 않기 때문이다.

실제로 암, 뇌경색, 심근경색, 동맥경화, 대사질환 각종 감염증의 알레르기와 같은 과민 반응, 내장 질환 등은 궁극적으로 자율신경계의 혼란에서 시작된다고 보아야 한다. 자율신경계와 호흡은 서로 영향을 미치기 때문에 긴장 가운데 집중해서 하던 일을 멈추고 짧은 시간이라도 주기적으로 심호흡을 천천히 하게 되면 자율신경계의 교감과 부교감신경의 균형이 다시 회복된다.

## 〈본질 육아〉- 지나영 교수

안 좋은 상황에서 사람은 자동적 사고로 인해 부정적인 생각을 하게 된다고 했다. 그럴 때는 자율신경계 중 교감신경이 항진되면서 숨이 가빠지고 동공이 커지면서 눈이 동그래지고 심장이 뛴다. 이때 호흡을 천천히 해주면 우리 머릿속에서는 부교감신경이 항진된다.

'위험하다, 죽을 것 같다'라고, 느끼던 상황이었다가 호흡을 천천히 하며 진정하면 '그게 아닌가 봐'라고 몸에서 뇌로 신호가 가서 전환되는 것이다. 심장은 우리가 의지로 조절할 수 없지만 호흡은 조절할 수 있다. 그래서 호흡을 조절하여 자율신경계를 조절하는 것이다. 나도 스트레스를 받고 걱정이 될 때는 호흡을 하면서 마인드 컨트롤을 한다.

어려운 환자를 만나는 날은 심장이 쪼이는 듯한 갑갑한 느낌을 받지만 호흡하면서 "나는 이 상황을 다룰 수 있어 (I can handle it)"라고 스스로에게 말하면서 마음을 가다듬는다. 그러면 정말 마음이 좀 편해진다. 어떤 아이든 호흡은 대체로 다 할 수 있다. 이것을 가르쳐 놓으면 평생의 도구가 된다.

### 〈코어 마인드〉-지나영

미군 해군 특수부대인 네이비실 대원들도 호흡을 훈련한다.

총탄이 오가는 긴급한 상황에서도 자율신경계를 진정시킬 수 있고 스트레스 반응도 낮추어준다. '위기 상황이 아니다.'라는 신호에 따라 전두엽으로 더 많은 피와 산소가 공급되어 명석한 사고와 현명한 판단을 할 수 있다. 생사가 걸린 긴박한 상황에서도 침착하게 맡은 일을 해내는데 호흡법이 큰 역할을 한다.

생사가 달린 긴박한 상황에서도 호흡법으로 마음을 다스린다는 것이 놀라웠다. 그리고 평소 훈련해야지만 긴박한 상황에서 자동적으로 나오는 것이기에 또 한 번 훈련의 중요성을 배웠다.

그러니 우리도 평소에 호흡을 통해 스트레스를 잘 관리하고 위기에도 도움을 받을 수 있으면 좋겠다.

## 나의 불안 이야기

나는 불안했다.

어떤 장소에 문이나 창문이 없으면 답답하다. 내가 나가고 싶을 때, 내가 일어나고 싶을 때, 나가지 못한다고 느끼면 갑자기 공포가 '확' 밀려온다. 오랫동안 사람들한테 이야기하지 않았다. 말하면 더 불안해질 것 같아 애써 그러지 않은 척했지만, 실은 그런 상황이 되면 늘 불안했다.

한동안 좀 괜찮았는데 다시 1년 전부터 미용실에서 머리 감기가 힘들었다. 머리를 뒤로 젖히고 감는데, 도중에 내가 일어나고 싶을 때 못 일어난다고 생각하니 공포가 밀려왔다. 정말 나도 그런 마음이 쓸데 없다는 것을 알면서도 그런 상황이 되면 불안해졌다.

생각보다 힘들고 삶의 제약이 생긴다. 고속도로에서 차

가 꽉 막힐 때, 병원에서 혼자 CT나 MRI 같은 통에 들어가 찍어야 할 때, 그리고 낯선 공간에 창문이 없을 때.

어제는 치과 x-ray 찍는데 좁은 공간에서 입을 깨물고 얼굴을 끼워 찍어야 하니 잠시지만 움직일 수 없어 순간 공포스러웠다. 나는 왜 이리 별날까? 나도 이런 내가 이해되지 않고 싫다.

2년 전에 하루 종일 어지러워 병원에 갔더니 CT를 찍어보자고 했다. 순간 누워 기계가 지나가는데 일어나지 못한다고 생각하니 공포가 밀려왔다.

지난번에는 고속도로가 쌍방향으로 꽉 막혀 오도 가도 못하는 상황이 생겼는데 혼자였다. 주의를 다른 데 집중시키려고 말씀도 듣고 기도도 하고 또 신랑한테 전화해 대화를 계속하면서 공포에 휩싸이지 않으려 노력했다. 다행히 2시간 후 거북이 정체가 풀려 빠져나올 수 있었다. 나도 처음부터 그러지 않았다.

고3, 대학생일 때는 창문 없는 독서실에서 잠도 잘 잤다. 책상 밑 의자를 책상에 올리고 그 좁은 1평도 안 되는 공간에서도 꿀잠을 잤다.

간호 실습 기간에는 타 지역 실습 방에서 친구들과 옹기종기 잔다고 옆으로 돌려 눕기도 힘든 좁은 평수에도 답답한지도 모르고 잘도 잤다. 갑자기 어두워지는 것은 무서워

했지만 그럭저럭 생활에서 아무 불편을 느끼지 않고 잘 생활했었다. 그러다 가장 사랑하고 의지했던 엄마가 오랫동안 아프시면서 나도 함께 병원 생활을 해야 했다. 좁은 간이침대에서 몸이 불편하다고 크게 생각하지도 않고 잘 지냈다. 하지만, 엄마가 아프시니 마음은 항상 불안했다. 별 탈 없이 지내는 몸과 달리 엄마에게 언제 무슨 일이 생길지 모른다는 생각에 마음은 늘 불안했고 엄마를 잃게 될까 봐 너무 두려웠다.

그리고 3년 후 엄마가 돌아가시고 많이 힘들었다. 이후 아빠도 암을 진단받고 병간호와 병원비 감당을 혼자 했는데 혼자 부담을 짊어져야 하니 심리적으로도 많이 외롭고 두렵고 힘들었다. 같이 힘든 과정을 나눌 가족이 없었기 때문이다.

지난 시절을 되돌아보니 어린 시절, 술 드시고 집에 돌아와 예측 가능하지 않은 행동을 하는 아빠 때문에 늘 불안하고 긴장을 잘했었던 것 같다. 그때는 닥친 일이 시급해 잘 모르고 지나갔다.

아빠마저 돌아가시고 혼자가 되었을 때, 병원 출근길 셔틀버스를 탔는데 순간 숨이 잘 안 쉬어지면서 공포가 찾아왔다. 그렇게 며칠 있다가 다시 괜찮아졌고, 다시 나의 일상을 살았다.

결혼 후 둘째를 임신하면서 조산기로 몇 달 동안 병원에서 계속 누워서 지내야 했고(앉기만 해도 배가 뭉치고 진통이 와 계속 누워 있어야 했다) 산부인과 중환자실 입원할 때는 공포가 극에 달했다. 어느 순간 잠을 잘 수도, 먹을 수도 없게 되었고 나중에는 우울증 약까지 먹게 되었다. 이렇듯 마음의 문제는 큰 스트레스 상황이나 상처, 충격이 원인일 것이다. 가족관계, 직장 관계, 금전 문제, 질병, 사랑하는 사람과의 이별, 가장 믿었던 사람의 배신, 여러 가지 이유로 자신의 감당하지 못할 스트레스를 넘어섰을 때 마음의 병이나 질병이 오는 것 같다. 그래서 우리는 스트레스를 미리미리 관리해야 한다.

내 힘으로 감당하기 어려운 일들을 만나 스트레스가 극에 달하지 않도록 미리 마음에 예방주사를 맞아야 한다. 그럼에도 큰 스트레스 상황에는 병이 올 수 있다. 병이 왔을 때는 이런 방법만으로는 힘들다. 그때는 약을 먹으면서 치료해야 한다.

일단 병이 오면 치료 과정도 힘들고, 회복되는 데도 시간이 오래 걸린다. 그래서 신체나 정신 건강에 예방이 중요하다. 좋은 음식도 먹고, 운동도 하고, 감사일기도 쓰고, 많이 웃고, 사람들과 나의 아픔도 공유하고 또 매일 순간순간 심호흡도 해보자.

## 심호흡하는 방법

—

심호흡 보통 깊이 들이쉬고 내쉬라는 것이다.

중요한 것이 천천히 호흡하는 것

4초 동안 코로 숨을 천천히 들이시고 2초간 숨을 멈추고 입으로 '후' 하면서 길게 내쉰다.(4초)

4-2-4 호흡법이라고도 한다. 4-2-5도 있는데 핵심은 천천히, 호흡을 길게 내쉬면 된다.

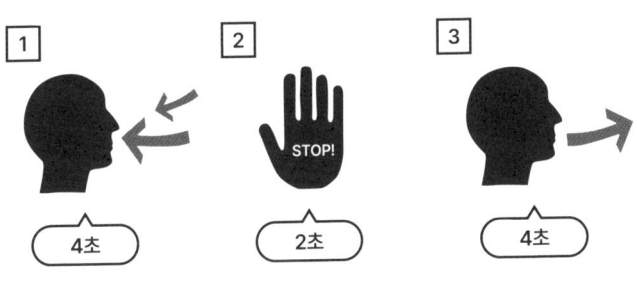

## 심호흡 따라 해보기

—

나는 심호흡 하는 게 힘들었다. 내 호흡도 빠르고 얕은 편이다. 오랜 시간 동안 긴장 가운데서 살아서 그런가 보다. 아기들은 태어나면서 복식 호흡을 하는데 커 가면서 복식 호흡을 잘하지 않게 된다고 한다.

이런 심호흡의 유익에 대한 지식이 생겼음에도 길게 호흡하는 게 힘들다. 뭐든 안 해본 것을 시도하는 건 처음에는 노력이 필요한 것 같다.

나름 노력하려고 30분짜리 모래시계를 샀다. 모래가 밑으로 다 내려가면 30분이 지나 굳이 시계를 보지 않아도 눈으로 바로 확인할 수 있다. 업무 중 30분마다 심호흡을 해볼 요량으로 구매했지만, 업무 중에는 모래시계를 쳐다볼 여유가 없어 곧잘 잊어버렸다.

다시 책을 읽으며, 그리고 치과 치료에 상당한 스트레스가 되어서 따라 해야겠다는 마음이 들었다. 자꾸 잊으니 내가 생각해 낸 방식은 식후에 비타민 먹듯이 해보기이다. 그리고 아침 일어나서, 출근 시 차 안에서, 이후 저녁 시간과 자기 전, 이렇게 하면 7번은 할 수 있다. 업무 중 30분~1시간 사이에 수시로 하면 더 좋다. 그리고 마음에 긴장될 때, 화나는 일이 있을 때, 아이가 말을 듣지 않아 속이 '부글부글' 끓을 때, 그때도 수시로 해보자.

처음에는 의식적으로 하는 노력이 필요하겠지만, 익숙해지면 아마 자동으로 할 수 있을 것이다. 나도 아직은 잘 되지 않지만, 꾸준히 해보려고 한다. 스트레스 관리에 이보다 더 시간 들지 않고 공간에 제약받지 않은 게 있을까?

호흡은 태어나서 죽을 때까지 잠시도 멈추지 않고 우리와 함께한다. 그 함께하는 호흡을 가장 좋은 삶의 파트너로 삼아 보면 어떨까?

　내 생명의 시작과 끝을 함께 하는 호흡, 오늘부터 심호흡으로 좀 더 마음의 여유를 가지며 우리의 스트레스를 관리해 보자.

# 나를 성장시키기 위한
## * 환경설정의 힘

오늘은 나를 성장시키는 환경설정에 관해 이야기하고 싶다.

나는 크리스천이다. 교회를 다니면서 기도해야 한다는 부담감이 늘 있었다. 가족을 위해 해야 하는데, 다른 힘든 분들 위해서도 기도해야 하는데. 힘든 일이 생긴 친구나 동료를 볼 때 기도하겠다고 이야기하고는 기도하지 않을 때가 태반이었다. 마음에 없어서라기보다 기도는 그만큼 생각보다 쉽지 않았다.

일단 5분 기도를 하고 나면 금방 기도할 내용이 떨어진다. 한참 하고 눈 떠도 10분이다. 직장을 다니니 저녁에 집에 와서 식사하고 치우고 다른 잡일을 하고 나면, 또 피곤해서 잠깐 쉬다 보면 기도하기가 힘들었다. 출퇴근 길, 운전하면서 그리고 걷기 편에 소개했듯이 걸으면서 기도했다.

기도를 하지 않은 것은 아니지만, 그렇다고 기도 생활을 한다고 하기에도 기도 시간이 들쑥날쑥했다.

## 시간과 장소를 정하면 기적을 체험한다.

어느 날 유튜브로 시간과 장소를 정하면 기적을 체험한다는 진정주 약사의 간증을 듣게 되었다. 기도에 대한 말씀이었는데 그 말씀이 너무 도전되어 진정 주 약사의 책 〈기도학교〉를 구매해서 읽었다.

저자는 그 당시 밤 10시까지 약국을 운영하고 교회에 따로 가서 기도할 시간이 없었기에 약국을 마치고 매일 밤 자신의 다가구 주택 옥상에 올라가 기도했다고 한다. 방 2개가 달린 다가구 주택에서 여섯 식구가 함께 살았기에 집에서도 조용히 기도할 장소가 없어 추운 겨울날에도 눈만 나오게 해서 옷을 껴입고는 추운 옥상에서 '덜덜' 떨면서 기도하셨다고 한다.

요약하면 시간과 장소를 정하고 무조건 그 시간에, 그 장소에 나를 갖다 앉히라고 하셨다. 그러면 기도하게 된다고. 그 책을 읽고 1월 새해 시작과 함께 기도를 시작했다.

시간은 밤 8시, 기도할 장소는 교회로 정하고 하루 한 시간씩 기도하기로 했다. 그리고 8시가 되면 집에서 하던 일을 멈추고 교회로 가서 그 장소에 나를 갖다 앉혔다. 그랬더니 놀랍게도 기도가 되고 꾸준히 기도를 실천할 수 있게 되었다. 처음에는 한 시간이 왜 그리 긴지, 힘들었지만 가서 졸지언정 무조건 그 시간을 채웠다. 비가 와도 가고, 더워도 가고, 추워도 갔다. 다른 약속을 잡지 않으려 노력했고 꼭 만나야 할 사람이나 일이 있으면 되도록 그 시간을 피해 약속을 잡았다. 집에서 신랑과 아이들이 오늘은 가지 말라고 해도 유혹을 뿌리치고 가서 그 시간을 채웠다. 하루 이틀 빠지다 보면 또 가기가 싫을 것 같아서 빠지지 않고 가려고 무진 애를 썼다. 그러기를 1년, 매일 저녁 나는 기도 하러 교회에 가는 루틴이 형성되었다.

## 환경설정의 힘

나는 기도를 예로 들었지만, 여러분에게도 꼭 해야 하는, 또는 꼭 하고 싶은 일이 있으실 거다. 그게 나를 성장시키기 위한 영어 공부, 독서, 건강을 위한 운동일 수도 있다. 어떤 경우도 동일하게 적용하면 된다.

우리는 의지가 약하다. 의지가 강한 사람이 과연 얼마나 될까?

그때는 환경을 설정하자! 시간을 정하고 장소를 정해서,

'몇 시에 나는 어디에서 공부를 1시간 하겠다'라는 식의 환경을 설정하자. 그리고 기분이 내키지 않을 때도 옆에 사람들이 유혹해도 그 시간에 나를 그 장소에 갖다 앉히자. 그 일을 매일 빠지지 않고 반복해 보라. 그러면 그 아무것도 아닌 것 같은 환경설정이 여러분이 원하는 그 무엇을 하도록 인도해 줄 것이다.

# 가난과 결별하기 위한 필수 선택
## * 재정관리

### 인생 역전 드라마

유튜브를 우연히 보게 되었다. 20대의 젊은 여성이 6년 만에 2억을 모았다는 썸네일이 눈에 들어왔다.

처음에는 최저 시급인 144만 원의 월급으로 4년 만에 1억을 모았고 그 뒤 돈을 모으는 속도가 빨라져 2년 만에 또 1억을 모았다고 했다. 그녀는 어릴 적 가난한 집에 살았고 돈 때문에 매일 같이 싸우는 부모님 밑에서 힘겹게 생활했다고 했다. 자신의 집은 콩가루 집안이었고 매일 같이 지옥 같은 가정환경에 언니는 그 상황을 이겨내지 못하고 하늘나라로 가게 되었다고 했다. 아무도 나를 책임 져 줄 수 없다는 절박함으로 돈을 모아야겠다는 생각이 들었고 그렇게 고등학교를 졸업하고 곧장 취업전선에 뛰어들어 그때부터 돈을 모았다고 한다.

자신의 환경을 탓하면서 낙심하지 않고 자기 삶에 목표를 정하고 개척해 나가는 모습이 정말 대단해 보였다. 꿋꿋하게 힘든 상황을 돌파한 이 청년이 너무 대단해 보였고 예전 가정환경 이야기를 들었을 때는 나도 같이 마음이 아팠다. 짠순이로 자신의 삶을 위해 절약한 노하우를 사람들에게 알리면서 영향력 있는 삶을 살게 되고 그녀의 인생이 달라지는 것을 보면서 도전이 되었다.

'세상에 최저 시급이었던 월급을 모아 저렇게 2억을 모을 수 있다니.'

아직 젊은 청년이 너무 대견해 보이고 칭찬해 주고 싶었다. 그녀의 이야기는 TV 프로그램과 여러 유튜브 채널을 통해 소개되고 그녀의 사연이 알려지면서 책 제안도 받고 책을 출간하게 되었다.

책은 베스트셀러가 되었고 그렇게 그녀의 이름이 알려지면서 작가로, 강사로 그녀의 인생이 역전되었다. 그녀의 책 〈이 책은 동기부여에 관한 이야기〉을 읽으면서 나도 따라 하고 싶은 동기부여가 생겼다. 자신은 짠순이로 생활하지만 절대 불행하거나 우울하지 않다고 했다.

예전에는 돈이 없어 절약할 때는 그런 마음도 들었지만, 돈이 어느 정도 모인 지금은 오히려 절약하는 그 자체를 즐기고 돈을 절약할 수 있는 팁들을 사람들에게 공유하면서 저축하고 아껴 쓰는 방법을 전염시키고 있었다.

## 대비되는 나와 그녀의 행보

그녀와 달리 나는 어린 시절 돈이 부족하지는 않았다. 우리 집은 꽤 규모가 큰 술집을 했는데 장사가 잘되었다. 엄마는 나에게 많은 용돈을 주셨다. 내가 초등학교 5학년 때는 하루 용돈이 천 원이었다. 지금은 천 원이 과장 한 봉지도 사서 먹기 어렵지만 내가 어릴 때는 50원 100원이면 문방구에서 쫀득이, 쥐포, 풍선껌, 낱개용 과자를 사서 먹을 수 있었고 손바닥만 한 하얀 플라스틱 접시에 따뜻한 떡볶이를 100원이면 사 먹을 수 있었다. 나는 친구들에게 인심을 쓰며 매일 하루 1,000원을 썼다.

계획, 예산은 나와는 거리가 멀었다. 부모님도 저축과는 거리가 멀었다. 우리 집은 그 흔한 저축 통장이 없었고 그날 벌어 그날을 살았다. 장사가 잘될 때는 괜찮았지만, 어느 날부터인가 장사가 잘되지 않으면서 엄마는 일수를 끌어 쓰게 되었다. 매일 일수 아저씨가 까만색 가방을 들고 우리 집을 방문해 돈을 받아 가고 도장을 찍었던 기억이 어렴풋이 있다.

우리 엄마는 아파서 쓰러지는 날까지 단 하루도 쉬어본

적이 없는 가족을 위해 늘 헌신하셨던 분이다. 그럼에도 돌아가시면서 나에게 카드 빚을 남겨주셨다. 우리 집에서 나는 돈을 버는 유일한 사람이었기에 빚쟁이들이 나를 찾았고 직장으로도 몇 차례 찾아와 재정적으로 압박받는 것이 얼마나 힘든지 잠시나마 경험도 해보았다. 자식을 위해 늘 헌신 하셨지만, 엄마는 저축, 재정을 어떻게 관리해야 하는지 거기에 관한 지식이 없었다.

아버지는 평생 돈을 집에 가져다준 적이 없다. 베짱이처럼 늘 기타를 치며 노래를 부르고 술을 드시며 친구들과 어울려 다니셨다. 한평생 돈을 벌어본 적이 없으시다. 경제적 관념이 없이 우리 집은 그렇게 살았고 나 또한 지금까지도 계획적인 소비를 하지 못했다. 비록 어릴 적 경제관념을 배우지 못했다 하더라도 중년의 나이가 되었으면서도 돈에 대한 개념이 없다는 것은 순전히 내 책임이고 정말 부끄러운 일이다. 그리고 경제적인 문제는 부끄러운 것에만 그치지 않는다.

## 돈, 어떤 이에게는 죽고 사는 문제로

정신건강복지센터에서 만난 대상자들도 하나같이 경제적인 문제로 힘들어했고 상당수가 이 돈 문제로 죽고 싶어

했다.

어떤 이는 수억의 빚 때문에 그렇게 하고 싶어 했고 어떤 이는 몇천만 원이 없어 죽고 싶다고 했다. 그리고 어떤 이는 하루 양식과 아파도 병원에 가지 못해 비참해서 죽고 싶어 했고. 금액은 달라도 결과적으로 돈 때문에 죽고 싶다고 했다.

누군가 말했다. 가난하게 태어난 것은 죄가 아니지만 가난하게 죽는 것은 죄라고 말이다. 그렇다. 가난하게 태어날 수 있어도 가난하게 죽는 것은 우리 책임이다.

누구나 경제적 자유를 달성하고 싶어 한다. 그 경제적 자유로 가는 첫걸음이 계획적인 소비와 저축이다. 반드시 지출보다 수입이 많은 구조로 만들어야 한다. 어떻게 지출보다 수입이 많은 구조로 바꿀 수 있을까?

## 재정의 기본적인 원칙들

내가 본 재정 관련 책들을 참고해 기본적인 원칙들을 살펴보면 좋겠다.

### 1) 신용카드는 없애고 체크카드 사용하기

책 〈왕의 재정〉을 집필한 김미진 간사는 더는 빚지지 않기 위해 카드를 잘라내라고 했다. 나도 결심하고 카드를 잘랐지만 이내 후회했다. 월급이 나오면 카드 빚부터 갚고 또 다음 월급날까지 카드로 살았는데 갑자기 카드를 없애니 생활이 되지 않아 힘들었고 결국 다시 카드를 만들어 더 번거롭기만 했다.

정말 부끄러운 이야기이지만 나는 20년간 직장생활을 하면서도 저축도 하지 않고 한 달을 사는 한달살이 인생이었다. 빚을 지고 싶지 않다면 카드는 체크카드로 바꾸고 신용카드를 최대한 자제해야 한다. 자제가 안 된다면 신용카드를 자르자!

### 2) 선저축, 후지출

쓸 것부터 먼저 쓰고 남는 돈으로 저축하려면 결코 할 수 없다. 먼저 저축부터 하고 소비해야 돈이 모인다는 이 단순한 진리를 알면서도 실행하지 못하고 있었다. 아파트 대출금 갚고 생활비 쓰고 나면 쓰기에도 빠듯해 저축할 여유가 나지 않았다. 그런데 수입이 조금 늘어도 아이러니하게도 여전히 저축하지 못했다. 수입과 함께 지출도 덩달아 늘었기 때문이다.

핵심은 수입이 아니라 지출이 수입보다 적어야 한다는 것. 그러니 어떻게든 지출을 줄이고 소액이라도 저축을 시작하자.

### 3) 빚을 최우선 순위로 갚기

빚이 있으면 이자로 나가는 돈이 꽤 된다. 그 이자만 모아도 금액이 많다. 그러니 빨리 빚을 갚아나가자.

빚을 갚는 순서는 이자가 높은 것부터, 대출금액이 작은 것부터 갚아나가자. 이렇게 하면 더 빨리 빚을 갚을 수가 있다. 빚 갚는 데에도 전략이 필요하다. 그리고 중요한 것은 오늘부터 빚지지 않기이다.

### 4) 자신의 현금 흐름 파악하기

먼저는 자신의 현금 흐름을 파악하고 새는 돈을 막아야 한다. 그러기 위해, 필요한 것이 가계부 적기이다. 책을 통해 뱅크샐러드라는 앱을 알게 되었는데 현금 흐름을 한눈에 볼 수 있었다. 모든 은행별로, 카드별로 내가 쓰는 금액 그리고 들어오는 금액이 이 앱 하나에 다 표기가 된다. 정말 신기하다. 아무리 작은 돈이라도 술술 새면 그 새는 돈이 눈덩이처럼 불어난다. 수도에 작은 미수라도 새고 그것이 쌓이면 정말 많은 수도 요금을 내야 한다.

실제 나는 의뢰한 대상자를 방문했더니 수도비가 90만 원 나왔다고 걱정한 것을 보았다. 수도가 새는 줄도 모르고 쌓인 3달 치 금액이었다. 새는 돈들 막고 싶다면 현금 흐름을 파악하자.

### 5) 예산 세우기

세계 선수권 우승자인 우상혁 선수는 높이뛰기 선수다. 그 우상혁 선수도 높이뛰기의 바가 없으면 절대 세계기록을 경신할 수 없다. 바가 있어야 그 바를 넘기 위해 도전하고 자연스레 기록이 올라간다. 바가 없이 뛰면 아무리 최상의 컨디션이라 하더라도 평소 기록에 미치지 못한다. 그 바가 목표 계획이라 볼 수 있겠다.

예산을 세우지 않으면 재정이 열린 원으로 작용하게 된다. 이 원은 열려 있어 지출 금액이 점점 더 커진다. 예산을 관리하고 새는 돈을 막고 싶다면 닫힌 원으로 재정을 관리해야 하는데 이것이 바로 예산 세우기이다. 귀찮아도 예산을 세우고 예산에 맞게 소비하는 습관을 기르자.

### 6) 소소한 팁
° **냉장고 지도 활용**

냉장고 문에 부착되게 되어 있는 냉장고 지도는 냉장고 속에 무엇이 있는지 한 눈으로 볼 수 있도록 구성되어 있었고 그 옆에는 일주일 메뉴를 적을 수 있도록 구성되었다.

냉장고를 열어보지 않아도 냉장고 지도를 보면 어떤 식재료가 냉장고에 숨어 있는지 바로 파악할 수 있고 음식이 썩어나가는 걸 방지할 수 있다. 일주일 치 메뉴를 작성해서 무슨 반찬을 만들지에 대한 고민도 해결해 주었다.

뭐든지 눈으로 볼 수 있게 파악하는 게 중요하다는 것을 새삼 느꼈다.

### ° 외식 줄이고 집밥 해 먹기

외국은 외식비가 너무 비싸 집에서 꼭 음식을 만들어 먹는단다. 누구 집에 초대받아도 각자 하나씩 음식을 만들어 초대받은 집으로 가서 함께 먹는 것을 보았다. 나는 외식이나 배달 음식을 좋아한다. 기분도 낼 수 있고 일단 편하다. 그랬더니 외식비가 만만치 않다.

기분내는 것은 잠깐이지만 가난한 삶을 벗어날 수 없다. 그리고 배달 음식은 사실 건강에도 좋지 않다. 이제부터라고 외식은 줄이고 집밥을 간단하게 맛있게 해 먹자.

### ° 알뜰폰

통신사는 KT, SKT만 있는 줄 알았는데 알뜰폰이 있다는 것을 처음 알았다. 메이저 통신사와 비교하면 통신비용이 훨씬 저렴하고 계약 해지 시 위약금도 물을 필요도 없어 훨씬 경제적이고 편리하다고 한다.

책 〈이 책은 돈에 관한 동기부여 이야기〉의 곽지현 작가는 통신비를 월 150원만 내고 있다고 한다. 어떻게 이런 요금이 가능할까? 나는 한 달에 전화요금이 59,000원 나간다. 위약금 관계로 계약 일자가 완료되면 나도 알뜰폰으로 옮

기려 한다.

### 7) 마중물(종잣돈) 모으기

지하수를 끌어올려 식수로 사용하려면 마중물이 필요하다. 이 물을 끌어 올리기 위해 붓는 물을 마중물이라고 한다. 한 번 마중물을 넣고 펌프질하면 물이 계속 올라오지만, 마중물을 넣지 않으면 아무리 펌프질해도 물을 얻을 수 없다. 이 마중물과 같은 것이 종잣돈이라고 한다.

종잣돈은 최소 1억은 모으라고 책 〈돈의 속성〉에서 이야기한다. 그 1억은 너무 멀다. 일단 천만 원부터 모아보자. 천만 원이라도 모으면 이천만 원도 모을 수 있다.

### 8) 투자 공부하기

여러 책을 보았지만, 아직 잘 모르겠다. 책만 보고 실제로 투자하지 않아서 그런 것 같다. 큰 결론부터 말하면 누구는 달러를 사서 모으거나(아빠의 첫 돈 공부) 금을 사서 모은다고 했다.(로버트 기요사키) 그리고 〈꿈꾸는 다락방〉의 저자인 이지성 작가는 이도 저도 잘 모르겠으면 미국 우량주식을 사라고 했다.

전문가의 말을 따라가는 것은 좋지만 누구의 말을 그냥 따라가기보다는 투자를 공부하며 오랫동안 실제 성과가 있는 분들의 조언을 따르자. 우리 엄마도 평생 자녀들을 위해 사셨지만, 결과적으로 자녀들에게 빚을 물려주셨다. 자녀들에게 유산을 물려주기 위해서는 마음만 가지고는 안된다. 금융 지식과 실행이 필요하다.

### 9) 일정하게 들어오는 돈의 힘을 무시하지 말자

김승호 회장의 책 〈돈의 속성〉에 보면 일정하게 들어오는 돈은 힘이 있다고 했다. 1년의 수입이 똑같은 5,000만 원일 경우 한 사람은 일정하게 400만 원이 들어오고 한 사람은 어느 달에 1,000만 원을 벌기도 하지만 어느 달에는 한 푼도 벌지 못할 때 이 둘의 돈의 힘은 서로 다르다고 한다.

매달 들어오는 급여의 힘을 부시하지 말고 자면서도 돈이 들어오는 구조인 파이프라인도 천천히 준비하며 구축해 보자.

이제는 재정에 무관심하지 말자.
우리 가정의 삶과 직결되는 재정! 깊은 관심을 가지고 알아가자.

# 회복탄력성의 비밀무기
## * 웃음

어느 날 가슴이 조여드는 일이 있었다. 울고 싶고 막막하고 앞날을 생각하니 두려움이 몰려오면서 자기 연민에 휩싸였다. 그러다 웃음의 힘이 생각이 났다. 운전하는 중이었는데 그 순간 나는 웃기 시작했다. 배에 힘을 주고 '하하하' '아~하하하' 큰 소리로 웃었다. 아무도 없는 차 안에서조차 웃는 게 쑥스러워서 잘 웃지 못했던 나였다. 아무도 없어도 모양 빠지게 웃는 게 불편하고 힘들었다. 혹시라도 나의 망가진 모습을 누가 보게 될까 봐.

어쨌든 웃었다, 그러길 1분이 지났을까? 웃는 것도 보통 힘든 게 아니었다. 에너지가 많이 들고 금방 진이 빠진다고 할까? 그런데 놀랍게도 아까의 절망이 달아나 버렸다. 웃어버린다는 그 표현이 맞았다. 웃으면서 나의 슬픔과 억눌림이 버려졌다. 똑같은 상황이었는데도 아까와 같은 절망의 감정이 순간 달아나는 신기한 경험을 했다.

> 나는 웃음의 능력을 보아왔다.
> 웃음은 거의 참을 수 없는 슬픔을 참을 수 있는
> 어떤 것으로, 더 나아가 희망적인 것으로 바꾸어
> 줄 수 있다.
>
> - 밥 호프

이 웃음의 능력을 그날 차 안에서 경험했다.
웃음에는 어떤 능력이 있을까?

## 웃음의 능력

### 면역력 향상

생로병사의 비밀, 웃음 편에서 웃음의 효과에 대해 들었던 기억이 있다. 우리의 뇌는 가짜 웃음과 진짜 웃음을 구분하지 못한다고 했다. 그래서 가짜로 웃어도 실제 웃는 효과가 나타난다며 웃음의 효능을 강조한 영상이었다.

우리가 웃을 때 엔도르핀이라는 호르몬이 분비되는데 엔도르핀은 면역과 상당한 연관이 있다. 한 번 크게 웃는 것은 윗몸일으키기를 23번 하는 효과가 있고 231가지 근육을 움직이는 전신운동과도 같다. 손바닥을 치고 발을 구르며 온몸을 사용하여 웃을 때는 고강도 운동과 효과가 맞먹는다고 한다. 실컷 웃고 나면 체온이 올라가 혈관이 이완되고 면역체계도 활성화된다. 체온이 1도만 올라가도 암세포를 죽이는 효과가 있고 한 번 크게 웃고 나면 암세포를 직접 공격하는 NK 세포 (자연 살상 세포) 들이 활성화된다.

웃음 치료 연구소의 이요셉 소장은 실제 암 환자들을 대상으로 하는 웃음 치료에서 암이 치유되거나 면역 지수가 올라가는 것을 체험하면서 대체 치료로 웃음 치료에 대한 확신이 들었다고 했다.

### 행복한 뇌 구조 형성

뇌의 구조는 감정과 기억이 연결되어 있어서 부정적인 감정은 부정적인 기억을 연상시킨다고 한다.

영국의 BBC는 행복의 정의를 '기분이 좋은'이라고 정의했다. 기분이 좋아지면 자신감이 생기고 자존감도 올라간다. 우리가 기분이 좋아지면 무엇이라도 할 수 있을 것 같고 또 해보고 싶은 마음이 생겨나기도 한다.

이처럼 웃음은 부정적인 감정의 고리를 끊고 행복한 뇌로 전환해 준다.

## 웃음의 전염력

이요셉 소장의 책 〈하루 5분 웃음 운동법〉을 읽고 정신건강복지센터에 있을 때 이요셉 소장을 강사로 초대한 적이 있다. 역시나 호탕한 웃음으로 강의를 시작하셨고 "하하하 하하하" 먼저 웃음을 시범 보이셨다.

시범에 따라 청중들도 처음에는 어색하게 웃기 시작했지만, 어느새 같이 큰 소리로 웃고 있었다. 그분에 대한 배경지식이 없어도 청중들은 웃기 위해 벼르고 온 것처럼 너무나 잘 호응해 주며 웃어주었다. 소장님을 따라 한 웃음이 어느새 눈물을 흘리며 배를 쥐어 잡고 웃는 진짜 웃음으로 바뀌었다. 왜 웃고 있는지도 모르게 그렇게들 다들 웃고 있었다.

웃음의 전염력을 그날 다시금 느끼는 하루였다. 다들 웃고 나니 기분이 좋아지면서 행복해 보였다. 그곳의 열기가 뜨거워졌다. 100여 명의 사람들이 큰 소리로 웃으니 그곳 공기의 흐름이 조금 전과 달라 있었다. 그리고 강의가 끝나고 돌아가는 그분들의 표정이 훨씬 밝고 가볍고 행복해 보였다.

인생이 별거 없는 것 같았다. 그렇게 오늘 웃고 털어버리고 그러면 될 것을 왜 우리는 오만 걱정을 미리 사서 할까?

여기서 잠깐! 웃을 때는 크고 길게 웃으라고 한다. 10초 이상 웃었을 때 웃음의 효과가 극대화 된다고 하니 힘들어도 크고 길게 웃자.

소장님의 책에서 삶을 풍성하게 하는 웃음 십계명이 있어 소개하고 싶다.

**삶을 풍성하게 하는 웃음 십계명**
① 크게 웃어라.
② 억지로라도 웃어라.
③ 일어나자마자 웃어라.
④ 시간을 정해놓고 웃어라.
⑤ 마음조차 웃어라.
⑥ 즐거운 생각을 하며 웃어라.
⑦ 함께 웃어라.
⑧ 힘들 때 더 웃어라.
⑨ 한 번 웃고 또 웃어라.
⑩ 꿈을 이뤘을 때를 상상하며 웃어라.

'웃음의 선택이며 운동이다.'라고 이요셉 소장은 책에서 이야기했다. 비가 와도 기분이 좋지 않아도 얼마든지 웃을 수 있다고 한다. 왜냐하면 웃음은 선택이고 운동이기 때문에.

운동처럼 매일 하루 1분이라도 웃어보자. 웃어 털어버리는 능력, 그것이 회복탄력성의 또 하나의 비밀무기이다.

# 인생의 문제 앞에
## * '왜?' 대신 '어떻게?'

### 어느 날 찾아온 불청객, 우울증

신랑이 기다리던 둘째가 생겼다. 나이가 있었지만, 워낙 건강한 체질이라 나는 첫째처럼 순산할 줄 알았다.

임신 16주가 되었는데 몸이 너무 힘들다. 숨이 차고 조금만 움직여도 배가 뭉쳤다. 이상했지만 나이가 있어 그렇겠거니 하며 넘겼다. 시간이 지날수록 배가 더 자주 뭉치고 앉아 있기가 힘들었다. 임신 20주, 앉아 있기도 힘든 어느 날 산부인과를 찾았다. 검진 결과 의사 선생님은 조기 진통이 온다고 절대안정을 위해 입원을 해야 한다고 했다.

그날로 병원에 입원하면서 출산할 때까지 계속 누워 지내게 되었다. 앉아 있기만 해도 배가 뭉치니 꼼짝없이 병실에 누워서만 지내야 했고 그렇게 일반 산부인과에서 한 달을 입원해 있었다. 누워만 있었는데도 시간이 지날수록 배가 더 자주 뭉치고 잠을 못 자기 시작했다. 옆으로 누울 수도 없고 걸어 다닐 수도 없었다.

임신 25주. 배가 계속 뭉치면서 통증이 왔다. 의사 선생님은 진통 주기를 보시더니 큰 병원으로 전원을 해야 할 것 같다며 대학병원으로 이송해야 한다고 했다. 혹시라도 아이를 출산하면 인큐베이터에 들어가야 한다고 말이다. 옆에서 진통 주기를 체크한 간호사가 아직 25주밖에 안 됐는데 출산일까지 한참 남았다며 안타까워했다. 그렇게 나는, 구급차를 타고 대학병원으로 이송되었다. 대학병원 산부인과 병실과 산부인과 중환자실을 오가면서 조기 진통으로 힘든 나날을 보냈다. 중환자실에서는 아주 짧은 시간만 면회가 허용되었다. 낯선 병실에서 몸도 마음도 지치고 사랑하는 가족과도 함께 할 수 없으니, 고통이 배가 된 것 같았다. 침대에서 소, 대변기를 대주며 이동식 커튼을 치고 용변을 보게 했다. 밖을 나갈 수도 없고 아무것도 할 수 없이 그저 병실 천정만 바라보고 누워 있어야만 했다. 점점 더 잘 수 없었고 먹을 수가 없었다.

어느 날부터인가 잠을 한 시간도 자기가 힘들어지고 모래를 내 목구멍에 넣은 것처럼 음식을 삼키기가 힘들었다. 잠을 못 자니 불안이 온 건지 불안해서 잠을 못 자는 것인지 여하튼 심한 불안과 불면으로 하루하루 고통스러운 나날을 보냈다. 게다가 불안한데 돌아다니지도 못하고 계속 침대에 누워 있어야만 하니 더 큰 불안으로 이어질 수밖에 없었다.

그렇게 우울증이 왔다. 나중에는 임신 전보다 체중이 더 줄어들었고 내 인생에서 가장 고통스러운 나날을 보내게 되었다. 죽고 싶지 않았지만 이렇게 사람이 죽어갈 수도 있겠다는 생각이 들었고 혹시라도 내가 잘못되어 사랑하는 남편과 아이를 돌볼 수 없을까 봐 아주 두려웠다. 우여곡절 끝에 36주가 되는 날 둘째를 출산했다. 정말 감사하게도 극심한 불안으로 먹지 못한 나와는 달리 아이는 2.6kg으로 인큐베이터에 들어가지 않고 건강하게 출산했다.

이후 아이를 출산하고 우울증 약을 본격적으로 먹었고 시간이 지나면서 차차 불면이 잡히고 불안이 잡히기 시작했다. 우울증이 조금씩 회복되어 가고 있던 어느 날, 괜한 억울한 마음이 들었다. 나는 착하게 살았다고 생각했는데 '왜 나에게 우울증이 왔을까?' '왜 이 고통이 왔을까?'

나는 성격도 긍정적이고 작은 것에도 감사하는 사람인데 말이다. 그때는 내게 우울증이 찾아왔다는 것이 내가 이상하고 문제 있는 사람같이 느껴지는 것 같아 잘 용납이 되지 않았다. 마음의 감기라고 하는 우울증은 이름만큼 가볍지 않았다.

긴 어둠의 터널 가운데에서

'언제 이 불안과 불면증이 사라질 수 있을까?'

'나을 수는 있을까?'

'예전과 같은 일상으로 돌아갈 수 있을까?'

그 기한을 알 수 없어서, 그리고 다시 예전과 같은 일상으로 돌아갈 수 있을지에 대한 의문으로 더 마음이 힘들고 조바심이 났던 것 같다. 한참 동안 '왜 나에게 이런 일이 생겼을까?'라는 질문을 던졌지만, 질문만 메아리가 되어 돌아올 뿐이었다. 그렇게 하루하루 힘든 나날을 보냈는데 놀랍게도 어느 날 뒤 돌아보니 내가 회복되어 있었다.

완전히 우울증이 회복되고 일상으로 돌아오면서 그 물음을 잊었다. 그리고 수많은 사람의 고통 이야기를 들을 때, 한 번씩 내 안에서 '왜'라는 질문이 올라왔지만 딱히 해답은 없었다.

### 질문 바꿔보기

정희일 작가의 책 〈이제 시작해도 괜찮아〉에서 나와 같은 고민과 질문을 읽게 되었다.

'왜 하필 나에게?'

'왜 하필 이런 고통이 내게?'

그때마다 '왜 이런 일이 내게 생기는 거야'라는 불평하

는 대신 '여기서 어떤 선택을 하는 게 현명할까?'

'어떻게 이 어려움을 헤쳐 나갈까?' 이 질문으로 바꾸어야 함을 깨닫게 되었다.

책 〈뇌의 스위치를 켜라〉에서는 뇌의 신경 가소성에 대해 말한다. 우리가 어떤 결심을 하느냐에 따라 우리의 뇌가 변하고 우리의 몸이 변한다고 말이다. 뇌가 마음을 통제하는 것이 아니라 마음이 뇌(육체, 정신 포함)를 통제한다고 했다.

우리가 감당하기 어려운 스트레스의 유의어로는 근심, 불안, 두려움, 염려, 초조함, 공포, 긴장 안절부절 등이 있다. 여기서 핵심은 반응이다. 우리는 주변 환경이나 삶 가운데 일어나는 사건을 통제할 수 없다. 그러나 사건과 환경에 대한 반응은 통제할 수 있다고.

이론은 아는데 막상 그 고통이 내게 닥치면 바른 이성으로 생각하기 어렵다. 자동적으로 드는 생각이 '왜 나에게' 하며 억울한 감정이 들 것이다. 그런 생각이 들면 부정적인 마음에 더 휩싸이고 그 문제에 빠져 허우적거리게 된다. 그래서 스트레스 상황에, 또는 예상치 못한 상황에 부딪혔을 때 현명한 질문을 하고 좋은 반응을 연습하여 몸에 익히는 훈련이 필요할 것 같다. 그리고 여기서 잠깐 짚고 넘어가고 싶은 건, 병이 오면 약을 먹거나 치료해야 한다는 것이다. 우리가 혈압이 왔다고, 당뇨가 왔다고 약은 먹지 않고 '왜 왔을까?'라고만 생각하지는 않는다. 보통 그때는 약을 먹고 치료를 한다. 그리고 운동과 식단관리도 하면서 말이다.

우울증도 마찬가지다. 우울증이 온건 여러분이 별나서가 아니다. 모든 병이 여러 가지 유전적인 요인, 환경, 스트레스 등이 주범이듯 우울증도 그렇다. 그리고 병이 온 것보다 더 중요한 건 어떻게 이겨내면 되느냐에 집중하는 것이다.

때로 시간이 걸리기도 한다. 우울증은 불면, 불안이 흔히 동반되니 생각보다 힘든 질환이긴 하다. 그렇지만 우울증 약을 먹고 치료를 받으면서 운동, 감사, 식이 등 이런 마음과 신체를 함께 관리해 줄 때 반드시 이겨낼 수 있다. 바른 질문과 나를 위해 바른 반응을 할 수 있는 것은 먼저 그런 선택을 한 사람들을 보면, 많은 도움이 되고 도전이 된다. 그리고 따라갈 수 있다.


### 우리의 올바른 반응이 미라클을 만든다.

얼마 전 박위의 결혼식이 있었다.

책 〈위라클〉을 읽고 접한 박위의 결혼식 영상.

세상에서 가장 아름다운 신부를 맞이하고 수많은 사람의 축복 속에서 결혼식이 시작되었다. 결혼식에서 신부가 자신에게 걸어 나오자, 박위의 눈에서 눈물이 주르륵 흘렀다. 벅차오르는 기쁨과 감사의 눈물이었으리라.

그 힘든 역경을 극복하고 아름다운 여인을 만나 새 가정을 이루는 박위의 이야기는 책 제목처럼 〈위라클〉 곧 미라클이었다. 하루아침에 사고로 전신마비를 진단받은 20대 청년, 꼼짝없이 평생 누워 아무것도 할 수 없을지도 모른다는 그 두려움과 절망, 어떻게 그때의 심정을 말로 표현할 수 있을까?

얼마나 일어나고 싶었을까? 얼마나 다시 걷고 뛰고, 그 평범했던 일상을 다시 누리기를 간절히 소망했을까? 그럼에도 낙심으로 자신을 죽이지 않고 지금 '이 상황에서 어떻게?'를 고민하며 자신이 할 수 있는 최선의 삶을 살아냈던 박위. 그 용기와 인내, 그리고 사랑하는 사람들에 대한 감사와 사랑으로 바른 반응을 한 이 멋진 청년에게 마음을 대해 박수를 보내고 싶다.

그렇다. 겪지 않았으면 좋았을 사건, 우리가 감당하기 어려운 고난과 극심한 스트레스 상황을 만났을 때 이제 질문을 바꿔보자. '왜 나에게 이런 일이?'에서 '어떻게 내가 이 문제를 헤쳐 나갈 수 있을까?'로 말이다. 그렇게 그 사건을 받아들이고 '어떻게'에 집중하며 헤쳐 나가다 보면 어느 날 '왜'에 대한 질문에도 자신만의 해답을 찾을 수 있게 된다.

나의 고통이 다른 사람들을 살리는 기적의 재료가 되기도 하고, 나를 성숙시키고 이전과는 전혀 다른 차원의 삶을 살 수 있게 하는 새로운 방향 전환점이 될 수 있다. '왜?'라는 질문은 우리를 과거로 데려다주고 '어떻게?'라는 질문은 우리를 미래로 데려다준다. 과거는 우리가 바꿀 수 없지만 미래는 우리의 선택에 따라 얼마든지 달라질 수 있다.

인생의 고난 앞에 이제 나와 여러분이 '왜 나에게'에서 '어떻게 내가'로 현명한 질문을 하기를. 그리고 그 선택이 부디 우리의 미라클, 위라클로 이어지기를.

# 당신의 삶에서 가장 중요한 자산
## * 시간

세상에서 귀중한 금이 3가지가 있다고 한다.

무엇일까?

그 3가지는 황금, 소금 그리고 지금이다. 지금은 우리의 시간을 말한다. 세상은 공평하지 않지만, 모든 사람에게 공평하게 주어지는 게 있다. 부자나 가난한 자나 배운 자나 못 배운 자나 모두 공평하게 하루 24시간 주어지는 시간이다. 사람들은 대부분 그 시간을 자신의 소유라고 생각하고 무한하다고 착각한다. 시간은 지금도 멈추지 않고 계속 흘러간다.

아주 짧은 유튜브 쇼츠 중 영화배우나 유명인들의 영상이 올라온다. 그들의 황금기 시절의 모습과 현재 현재의 모습이 대비되며 세월의 흐름을 확연히 실감할 수 있다. 브룩

실즈가 얼마나 예뻤는지 소피 마르소가 얼마나 청순한지, 그러나 아무리 예뻐도 아무리 멋있어도 세월 앞에 장사가 없었다.

"아! 이렇게 우리의 젊은 시절이 흘러갔구나."

우리 사진만 봐도 그렇다. 5년 전 10년 전 그때 우리의 추억이 담긴 사진을 보노라면 너무 젊고 풋풋했다. 그때는 몰랐는데 나이가 들어가니 젊다는 것 자체로 빛나고 있었다. 그리고 그 젊음의 순간이 아름다워, 우리의 건강하고 꿈 많던 청년의 시기도 어느새 지나가 버려 괜히 눈물이 났다. 시간은 자기 나이대의 속력으로 흐른다고 누군가 말했다. 20대는 20km로 30대는 30km, ~~~ 60대는 60km로, 어릴 때는 시간이 천천히 흘러기는 것 같았는데 40이 넘으니, 시간의 속력도 점점 가속도가 붙어 더 빠르게 흘러간다.

부자들은 돈을 주고 시간을 산다. 가난한 자는 돈을 벌기 위해 시간을 팔고 있었다. 나도 그렇다. 물론 일을 통해 나의 은사도 계발하고 보람되지만 많은 시간을 나는 직장에 매여 있고 그 노동력과 시간의 대가로 월급을 받고 있다. 우리에게는 똑같이 주어지는 자산인 하루 24시간, 이것을 어떻게 활용할 수 있을까?

시간 관리에 대한 손기철 박사의 책 〈하나님의 하루〉에서 이런 비유를 들어 주셨다. 유리병에 큰 돌, 작은 돌, 모래를 꽉 다 채우려면 무엇부터 담아야 할까?

먼저는 큰 돌부터 담고 작은 돌 그리고 모래 순서이다. 큰 돌을 담고 그 틈으로 작은 돌을 담고 마지막 모래를 담으면 유리병에 빈틈없이 가득 채울 수가 있다. 만약 반대로 모래나 작은 돌부터 채운다면 나중에 큰 돌을 채울 공간이 없어 다 채울 수가 없다고 한다. 여기에서 큰 돌은 중요한 것을 의미한다고 보면 된다. 중요한 것부터, 소중한 것부터 시간을 할애하지 않으면 나름으로 열심히 삶을 채운다고 애를 썼지만 정작 중요한 것을 채우지 못해 후회할 수 있다.

우리에게는 하루 24시간이 똑같이 주어지지만, 그 유리병 속에 무엇부터 채울지는 순전히 자신의 선택이다. 우리도 언젠가는 자신의 마지막 날을 맞이하게 될 것이다.

세상에서 가장 지혜로웠던 왕 솔로몬은 자신의 삶을 계수하며 세월을 아끼라고 했다. 그게 지혜라고 했다. 우리의 생명과도 직결되는 가장 중요한 자산인 시간, 지금부터라도 소중하고 중요한 것부터 계획하며 목표를 세우고 우리의 시간을 관리하자.

재정도 예산을 세우지 않고 기분 내키는 대로 쓰면 돈을 어디에 썼는지도 모르고 돈이 샌다.

시간도 그렇다. 인생의 목표와 계획 없이 그리고 해야 할 것과 하지 말아야 할 것을 구분하지 못하고 되는대로 산다면, 바쁘고 쫓기는 삶을 살다가 정작 중요하고 소중한 것은 해보지도 못하고 어느 날 자신의 마지막 날을 맞이하게 될 것이다.

> 나 하늘로 돌아가리라
>
> 아름다운 이 세상 소풍 끝나는 날,
>
> 가서, 아름다웠더라고 말하리라.
>
> - 천상병 시인의 〈귀천〉 마지막 구절

 나도 그렇게 고백할 수 있기를, 내게 주신 삶이 사랑과 은혜로 풍성했다고, 아름다웠노라고 감사의 고백을 올려드리며 마지막 날을 맞이할 수 있게 되기를 간절히 바란다.

*Epilogue*

## 우리의 진짜 여정은 지금부터

무언가 찾아보기 위해서 시작한 책 쓰기 코칭 참여. 코칭에 참여하기 전 8월 어느날 밤 침대에 신랑과 나란히 누웠다. 창문 너머로 보이는 밤하늘의 별을 바라보며 신랑과 이런저런 이야기를 나누었다.

"자기야 정말 어쩌면 내가 책을 내게 될지도 몰라"

"그래 한번 해봐 수경이는 잘할 수 있을 거야"

"진짜? 내가 할 수 있을까?"

"그동안 책을 많이 읽었기 때문에 수경이는 어떻게 써야 하는지 이미 알고 있어"

"내가? 나는 모르는데"

모른다고 말했지만 이미 글을 어떻게 써야 하는 줄 안다는 그 신랑의 말이 엄청나게 격려가 되었다.

그렇게 대화가 오고 간 그날 밤, 정말 내가 책을 쓰게 될

지도 모른다는 그 기대감과 그날의 설렘을 지금도 기억하고 있다. 그리고 몇 개월이 지난 지금 정말 책이 나온단다. 도전했던 나의 작은 행동의 씨앗이 보이고 만져지는 열매로 나오게 된단다. 내가 얼마나 놀랐을까?

"어머! 정말 되네"

"뭐야! 목표를 세우고 매일 내가 해야 할 부분을 실행하니까 되네"

나름 열심히 산다고 살았지만, 나의 일상은 뭔가 똑같은 삶의 반복이었다. 다른 사람들은 별 고민이나 어려움 없이 다 멋지고 신나게 사는 것 같았다. 나만 힘든 것 같았다.

순간순간 행복한 순간들도 많았지만, 어려운 나날들이 더 많은 것 같았다. 그러다 문득 이런 생각이 들었다.

'백설 공주, 신데렐라 동화 속 주인공들은 끝까지 행복했을까?'

디즈니에서 나오는 공주들은 비록 시련과 고난이 있었지만, 마지막에는 멋진 왕자님들이 나타나 그들을 사랑해주었고 성대한 결혼식과 함께 둘이 오래오래 행복하고 살았더라고 이야기가 항상 해피엔딩으로 끝맺었다. 그러나 이야기가 거기에서 끝이 나서 그렇지 만약 그들의 삶을 다시 추적해서 죽기 전까지 기록했다고 치자.

그들에게 시련이 없었을까?

그들에게 아픔이 없었을까?

나는 그렇지 않다고 생각한다.

책과 TV에 나오는 유명인들의 삶이 대단해 보여도 그들도 우리와 똑같은 시련, 아픔, 어려움 절망, 낙심을 겪는다. 그리고 마지막 죽음까지. 그러니 나만 힘들다고 나만 아무것도 아니라고 자포자기 하지 말자. 한 번씩 자기연민에도 빠지지 말자. 삶의 무게는 다를지라도 인생의 여정은 비슷하다. 좋은 일, 슬픈 일, 기쁜 일, 힘든 일, 그것이 반복되며 생사화복을 경험한다는 것이다. 다만 그 시기와 크기가 다를 뿐.

그래서 나는 여러분들에게 말하고 싶다. 우리는 모두 다 그런 여정을 겪으며 사는 거라고. 아무도 예외는 없다고 말이다. 그러니 우리 서로 격려하면서 마지막 순간까지 배우고 사랑하고 성장하면서 그렇게 가보자고 말이다.

나의 이 글을 읽고 누군가도 작은 도전이 되는 행동들을 따라 하고 싶은 열망이 생겼으면 좋겠다. 그리고 그 열망이 생겼다면 우리의 진짜 여정은 지금부터이다.

여러분의 삶이 지금보다 더 행복하고 풍성하길 진심으로 빈다.

나의 진심이 여러분에게 가 닿기를.

publisher     instagram

# 따라하기의 기적

**초판 발행** 2025년 7월 4일
**지은이** 박수경
**펴낸이** 최대석 **펴낸곳** 행복우물 **출판등록** 307-2007-14호
**등록일** 2006년 10월 27일
**주소** a1. 서울특별시 종로구 종로1길 50 더케이트윈타워 B동 위워크 2층
      a2. 경기도 가평군 경반안로 115
**전화** 031-581-0491 **팩스** 031-581-0492
**전자우편** book@happypress.co.kr
**정가** 17,000원   **ISBN** 979-11-94192-34-3